AF746116

DIVINE HEALTH CODE:
40 Daily Keys to Activate Healing Through God's Word and Creation

Unlock the Healing Power of Plants, Prayer, and Prophetic Action

(Edisi bahasa Indonesia)

By

Zacharias Godseagle; Comfort Ladi Ogbe ;
Ambassador Monday O. Ogbe

Daftar isi

Halaman Hak Cipta

KODE KESEHATAN ILAHI :
40 Kunci Harian untuk Mengaktifkan Penyembuhan Melalui Firman Tuhan dan Ciptaan - Membuka Kekuatan Penyembuhan Tumbuhan, Doa, dan Tindakan Kenabian Oleh Zacharias Godseagle; Comfort Ladi Ogbe; Duta Besar Monday O. Ogbe
© 2025 oleh Duta Besar Monday O. Ogbe, Zacharias Godseagle, dan Comfort Ladi Ogbe.
Seluruh hak cipta dilindungi undang-undang.

Tidak ada bagian dari publikasi ini yang boleh direproduksi, disimpan dalam sistem pengambilan, atau dikirimkan dalam bentuk apa pun atau dengan cara apa pun—elektronik, mekanis, fotokopi, rekaman, atau lainnya—tanpa izin tertulis sebelumnya dari penulis dan penerbit, kecuali dalam kasus kutipan singkat yang digunakan dalam tinjauan, pengajaran, atau referensi nonkomersial dengan kutipan yang tepat.
Buku ini merupakan karya yang memadukan fakta dan inspirasi. Meskipun beberapa kisah merupakan kisah nyata, yang lainnya merupakan narasi fiksi atau gabungan yang digunakan untuk menggambarkan kebenaran emosional dan spiritual. Segala kemiripan dengan tokoh nyata, baik yang masih hidup maupun yang sudah meninggal, dalam bagian-bagian fiksi tersebut hanyalah kebetulan semata, kecuali dinyatakan lain.

Kutipan Kitab Suci diambil dari:

- *Terjemahan Hidup Baru (BHN)* , © 1996, 2004, 2015 oleh Tyndale House Foundation. Digunakan

dengan izin. Seluruh hak cipta dilindungi undang-undang.
Beberapa kutipan Kitab Suci juga diambil dari Amplified Bible (AMP), hak cipta © 1954, 1958, 1962, 1987 oleh The Lockman Foundation. Digunakan dengan izin. Seluruh hak cipta dilindungi undang-undang.

Desain Sampul, Tata Letak Interior, dan oleh: TIM GEM

Pelayanan Elang Tuhan – GEM
www.otakada.org | www.wealthbeyondworryseries.com
Edisi Pertama – 2025
Diterbitkan oleh Zacharias Godseagle & God's Eagle Ministries GEM
Alamat AS:
4510 Burkes Promise DriveBowie, Maryland, AS +1 (302) 492-2440
Kantor Nigeria:
+234 803 283 5348
Surel: ambassador@otakada.org

Untuk izin, undangan berbicara, atau pesanan dalam jumlah besar, silakan hubungi kami melalui email atau kunjungi situs web kami.
Dicetak di Amerika Serikat / Tersedia di Seluruh Dunia

Karakter-karakter dalam cerita ini terinspirasi oleh kejadian nyata, diceritakan kembali dengan nama, lokasi, atau keadaan yang disesuaikan untuk kejelasan, privasi, atau penekanan

Tentang Buku - Kode Kesehatan Ilahi: 40 Kunci Harian untuk Mengaktifkan Penyembuhan Melalui Firman Tuhan dan Ciptaan - Membuka Kekuatan Penyembuhan Tanaman, Doa, dan Tindakan Kenabian

Apakah Anda bosan dengan siklus sakit, doa, penyembuhan singkat — hanya untuk kambuh lagi? Apakah Anda percaya Tuhan menyembuhkan tetapi bertanya-tanya mengapa banyak orang masih menderita meskipun telah berdoa dan mengurapi?
Renungan 40 hari ini adalah **mata rantai yang hilang bagi Anda** — *cetak biru alkitabiah* dan *pengaturan ulang gaya hidup penyembuhan* untuk mengubah kesehatan Anda melalui **kuasa Firman Tuhan, ciptaan, dan hikmat kenabian** . Terinspirasi oleh **Wahyu 22:2 — "Daun pohon-pohon itu untuk penyembuhan bangsa-bangsa"** , buku ini menghidupkan kembali hubungan yang terlupakan antara **iman dan tumbuhan** , **kitab suci dan sains** , **doa, dan pilihan sehari-hari** . Anda akan menemukan cara untuk tidak hanya menerima kesembuhan — tetapi juga menjalaninya setiap hari.

Apa isinya?

- **80 penyakit dan kondisi kesehatan paling umum di seluruh dunia** , diatasi dengan pengobatan alami dan berdasarkan kitab suci
- **Solusi herbal yang didukung oleh kitab suci dan petunjuk penggunaan** , termasuk jumlah, persiapan, dan nama tanaman global

- **Doa yang kuat, deklarasi penyembuhan harian, dan wawasan kenabian** untuk memperkuat iman Anda
- **Kesaksian global tentang penyembuhan yang nyata** — emosional, inspiratif, dan memulihkan harapan
- **Renungan Kitab Suci setiap hari** untuk keselarasan total: roh, jiwa, dan tubuh
- **Pertanyaan diskusi kelompok penyembuhan, permintaan refleksi, dan ruang jurnal** untuk penggunaan pribadi atau kelompok kecil

Mengapa Buku Ini Penting

Banyak orang Kristen mengalami kesembuhan tetapi jatuh sakit lagi karena **kurangnya perubahan gaya hidup** . Buku ini membantu Anda:

- Atasi **akar penyebab** penyakit
- Integrasikan **alat penyembuhan alami** (tanaman, istirahat, makanan, detoksifikasi, pengampunan)
- Sejalan dengan ritme Tuhan untuk **keutuhan dan pemulihan**
- Pelajari cara **menjaga penyembuhan Anda** dan tidak kehilangannya lagi

Untuk Siapa Ini?

- Umat Kristen haus akan kesembuhan dan kesehatan yang langgeng
- Gereja, persekutuan rumah, dan kelompok penyembuhan
- Menteri kesehatan, pendoa syafaat profetik, dan pelatih kesehatan holistik

- Siapa pun yang ingin menggabungkan **iman dengan gaya hidup** untuk dampak yang bertahan lama

Anda tidak ditakdirkan untuk hidup bergantung pada pil dan rasa sakit.
Tuhan merancang Anda untuk berjalan dalam kesehatan ilahi — setiap hari, secara alami, dan profetik.
Bergabunglah dalam gerakan ini. Jalani kode 40 hari.
Jalani hidup yang sembuh. Tetaplah sembuh. Jadilah penyembuh.

SAMPUL BUKU PAPERBACK

PENYEMBUHAN ITU MUNGKIN — DAN BERKELANJUTAN.
Banyak orang percaya berdoa memohon kesembuhan tetapi tidak tahu bagaimana *menjalaninya setiap hari* .

KODE KESEHATAN ILAHI adalah **perjalanan Anda selama 40 hari** menuju **penyembuhan abadi** melalui Firman Tuhan, ciptaan, dan tindakan kenabian.
Berakar pada **Wahyu 22:2** — *"Daun pohon itu untuk penyembuhan bangsa-bangsa"* — renungan transformasional ini menawarkan Anda:

- **80 kondisi kesehatan global yang ditangani** melalui kitab suci dan kebijaksanaan herbal
- **Deklarasi harian, doa penyembuhan, dan langkah-langkah tindakan**
- **Kisah penyembuhan kehidupan nyata** yang menginspirasi iman dan perubahan
- **Obat herbal dengan panduan persiapan dan wawasan alkitabiah**
- **Petunjuk diskusi kelompok dan ruang jurnal**

Apakah Anda sedang dalam masa pemulihan, percaya untuk kesembuhan, atau melayani orang lain, buku ini akan memperlengkapi Anda untuk:

- Memutus siklus penderitaan
- Rangkul perubahan gaya hidup
- Menyelaraskan roh, jiwa, dan tubuh dengan rancangan Tuhan
- Berjalanlah dalam **kesehatan ilahi** — dan bantu orang lain melakukan hal yang sama
- "Kamu disembuhkan untuk menjadi seorang penyembuh.
- Anda utuh — karena Yesus telah membayarnya, dan alam masih bersaksi."

Zacharias Godseagle; Comfort Ladi Ogbe; Amb. Monday O. Ogbe adalah suara kenabian dan pendukung penyembuhan yang memperlengkapi Gereja untuk keutuhan melalui Firman dan Ciptaan.
Kunjungi: www.otakada.org | www.wealthbeyondworryseries.com

DEDIKASI

Karya ini dipersembahkan kepada para penyembuh, mereka yang terluka, dan para pejuang.
Kepada **setiap anak Tuhan** yang telah berseru kesakitan, mempertanyakan kesunyian, dan tetap memilih untuk percaya pada kuasa Tuhan untuk menyembuhkan —
Ini untukmu.

Kepada para **pendoa syafaat, pendeta, nabi, dan pengasuh** yang bekerja secara rahasia, menumpangkan tangan, mengurapi kepala, menangis dalam doa —
Semoga minyak Anda tidak pernah habis.

Bagi mereka yang disembuhkan tetapi tidak tahu bagaimana cara untuk tetap sembuh — Semoga buku ini menjadi kunci Anda menuju **pembebasan yang langgeng** .

Kepada para **ilmuwan dan herbalis** , baik kuno maupun modern, yang melestarikan pengetahuan tentang tanaman untuk penyembuhan bangsa-bangsa —
Pekerjaan Anda menggemakan Eden.

Kepada **orang percaya yang berpikiran kerajaan** yang memahami bahwa kesehatan adalah tugas rohani, bukan sekadar keinginan fisik —
Renungan ini adalah panduan Anda untuk **meraih kemenangan setiap hari** .

Dan bagi **Jehovah Rapha — Tuhan yang menyembuhkan kita** ,
persembahan ini adalah untuk kemuliaan-Mu, untuk

pembebasan bangsa-bangsa, dan untuk membangkitkan umat yang berjalan dalam kesehatan ilahi — roh, jiwa, dan tubuh.

UCAPAN TERIMA KASIH

"Setiap pemberian yang baik dan sempurna, datangnya dari atas…" – Yakobus 1:17

Pertama dan terutama, **kepada Tuhan Yang Mahakuasa — Jehovah Rapha** , Penyembuh dan Pemberi Kehidupan kami — terima kasih telah mempercayakan beban, penglihatan, dan wahyu ini kepadaku. Engkaulah Pengarang sejati; aku hanyalah seorang pengurus. Semoga buku ini membawa kemuliaan bagi nama-Mu dan kesembuhan bagi umat-Mu di seluruh bangsa.

Bagi **Tuhan dan Juru Selamatku, Yesus Kristus** , yang telah membayar harga tertinggi untuk kesempurnaan kami — roh, jiwa, dan tubuh — karya ini mengalir dari luka-luka-Mu, di mana kesembuhan dibeli sekali untuk selamanya.

Roh Kudus yang berharga , Guruku, Pemberi Inspirasi, dan Nafas Kebijaksanaan, terima kasih karena telah membimbing setiap kata, memberi penekanan pada setiap ayat, dan menghembuskan kehidupan ke dalam halaman-halaman ini.

Kepada **keluargaku** , yang doanya, pengorbanannya, dan dukungannya yang tak pernah goyah menopang setiap tugas yang kulakukan — terima kasih karena telah berdiri bersamaku, karena percaya pada visi ini, dan karena telah memberi ruang bagi pekerjaan Tuhan untuk berkembang di dalam dan melalui hidupku.

Kepada tim setia di **God's Eagle Ministries (GEM), Otakada.org** yang membantu melaksanakan tugas ini melalui penelitian, desain, dan koordinasi global — ketekunan dan keunggulan kerajaan Anda telah membantu mewujudkan hal ini.
Kepada **berbagai suara global** —ahli herbal, ahli gizi, peneliti, pejuang doa, dan suara-suara kenabian— yang wawasan, kesaksian, dan pengalaman hidup mereka terjalin dalam karya ini, terima kasih. Anda adalah bagian dari permadani penyembuhan dan pemulihan ilahi yang membentang di seluruh bumi.

Bagi **para pahlawan yang tak dikenal yang berjuang dalam diam** — orang sakit, para pengasuh, orang beriman yang berjuang demi hidup mereka sendiri dan hidup orang lain — semoga halaman-halaman ini menyegarkan harapan Anda, memperbarui kekuatan Anda, dan menyalakan kembali api semangat Anda untuk hidup dan tidak mati.

Kepada para **pembaca** yang akan menjalani perjalanan 40 hari ini — terima kasih telah berkata "ya" untuk transformasi. Semoga Anda tidak hanya disembuhkan, tetapi juga bangkit sebagai **penyembuh** di rumah, gereja, dan bangsa Anda.

Akhirnya, bagi **setiap generasi mendatang** , semoga ini menjadi warisan kehidupan, sumber kebenaran, dan peta jalan menuju **kesejahteraan kerajaan** di dunia yang rusak ini. Biarkan sungai-sungai penyembuhan Tuhan mengalir melalui dirimu.

Dengan rasa syukur yang mendalam dan sukacita kenabian,
Zacharias Godseagle; Comfort Ladi Ogbe; Amb.

Monday O. Ogbe
Pendeta Penyembuhan, Penulis, Advokat Kesehatan
[God's Eagle Ministries | otakada.org |
wealthbeyondworryseries.com]

KATA PENGANTAR

Panggilan Kenabian untuk Penyembuhan, Kesempurnaan, dan Pemulihan

"Dan daun-daun pohon itu dipakai untuk menyembuhkan bangsa-bangsa."
— *Wahyu 22:2*

Ini bukan sekadar renungan biasa.
Ini adalah **panggilan ilahi** — panggilan profetik untuk bangkit dari siklus penyakit, bertahan dari wabah rasa sakit, dan melangkah dengan berani menuju **kehidupan kesehatan ilahi** yang telah Tuhan rancangkan sejak awal untuk Anda.
Anda tidak membaca ini secara kebetulan.
Mungkin Anda pernah berdoa memohon kesembuhan.
Mungkin Anda pernah menangis di malam hari, mengurapi diri dengan minyak, percaya kepada Tuhan — hanya untuk menyaksikan penyakit yang sama kambuh... atau penyakit lain muncul. Anda tidak sendirian.
Selama bertahun-tahun pelayanan dan penjangkauan kesehatan global saya, saya telah menyaksikan **siklus penyembuhan parsial** dan **penderitaan yang berulang** berulang kali. Orang-orang menerima terobosan… tetapi tanpa perubahan gaya hidup, pintunya tetap terbuka.
Buku ini lahir dari beban itu — untuk menjembatani **kesenjangan antara iman dan kebijaksanaan , doa dan tanaman , kelaparan rohani dan kesehatan alami** .

Dari Eden hingga Keabadian — Penyembuhan Selalu Menjadi Rencana

Pada mulanya, Tuhan tidak menempatkan manusia di rumah sakit.
Ia menempatkannya di **sebuah taman** — yang dipenuhi pohon-pohon berbuah, rempah-rempah yang harum, air yang menyembuhkan, dan dedaunan yang menyehatkan.
Kejadian 1:29 mengingatkan kita: "Aku memberikan kepadamu segala tumbuh-tumbuhan yang berbiji... itulah yang akan menjadi makananmu."
Sebelum ada apotek, Tuhan memberi kita **tumbuhan** .
Sebelum ada pil, Dia menawarkan **daun** .
Sebelum ada obat sintetis, Dia memberkati bumi dengan **khasiat penyembuhan** yang masih membawa jejak-Nya.
Tumbuhan yang sama yang menyembuhkan luka, melawan infeksi, dan menyeimbangkan hormon masih tumbuh di berbagai benua — di Nigeria, Israel, India, Brasil, dan sekitarnya.
Dan Kitab Suci menegaskan — ini bukan sekadar pengobatan alami. Melainkan **strategi ilahi** .

- *Yesaya memerintahkan penyembuhan Hizkia dengan tapal buah ara (2 Raja-raja 20:7)*
- *Musa melemparkan sebatang pohon ke dalam air pahit dan air itu menjadi manis (Keluaran 15:25)*
- *Minyak urapan dibuat dari rempah-rempah dan herba kudus (Keluaran 30:22–25)*
- *Yakobus memerintahkan Gereja untuk mengurapi orang sakit dengan minyak — yang berasal dari tumbuhan (Yakobus 5:14–15)*
- *Dan dalam bab terakhir Alkitab, Wahyu 22:2 mengungkapkan bahwa daun pohon di Yerusalem Baru masih menyembuhkan bangsa-bangsa*

Penyembuhan Adalah Gaya Hidup, Bukan Peristiwa Sekali Waktu

Banyak orang menerima penyembuhan sementara. Hanya sedikit **yang mencapai keutuhan yang berkelanjutan** . Mengapa? Karena kita berdoa agar Tuhan memperbaiki apa yang **terus dirusak oleh kebiasaan kita** .
Renungan 40 hari ini bukan hanya tentang pemulihan. Ini tentang **reformasi** .
Ini adalah panggilan untuk pertobatan, pewahyuan, dan pembaruan—bukan hanya tubuh **,** tetapi juga **jiwa dan roh** .
Anda tidak hanya akan membaca kitab suci…
Anda akan menerapkan Firman Tuhan dalam **tidur Anda** , **makanan Anda** , **emosi Anda** , **organ Anda** , **rumah Anda** , **keputusan Anda** .
Anda akan menerima:

- **Obat herbal** (dengan nama botani dan metode persiapan)
- **Pernyataan penyembuhan** yang berakar pada janji-janji Tuhan
- **Kesaksian** dari orang percaya di seluruh dunia
- **Doa** yang mengubah suasana dan memberi energi pada tubuh
- **Langkah-langkah tindakan harian** yang menyelaraskan gaya hidup Anda dengan penyembuhan Anda
- **Prompt diskusi kelompok dan ruang jurnal** untuk menjadikannya personal

Cetak Biru Kerajaan
Yesus menyembuhkan orang sakit, tetapi Dia juga berkata, *"Pergilah dan jangan berbuat dosa lagi."*
Itu bukan sekadar moral — itu praktis. Dia berkata: "Sekarang kamu sudah sembuh, **jangan kembali pada apa yang telah menghancurkanmu** ."

"Sekarang rahimmu sudah pulih, **perhatikan apa yang kamu makan** ."

"Sekarang darahmu sudah bersih, **bersihkanlah rumahmu, pikiranmu, dan hidupmu** ."

Tuhan tidak pernah menciptakanmu untuk hidup dalam mode bertahan hidup.

Kamu diciptakan untuk **kesehatan yang prima** , sukacita yang cemerlang, dan umur panjang — demi tujuan dan kemuliaan-Nya.

Undangan

40 hari ini adalah pengaturan ulang yang sakral.

Anda akan bangkit dengan kejernihan, kekuatan, dan wawasan.

Anda akan memutus siklus penyakit kronis. Anda akan diberdayakan dengan pengetahuan dan semangat. Anda akan mengajari orang lain cara menjadi utuh. Anda akan melangkah ke dalam **Kode Kesehatan Ilahi** yang telah diukir Surga ke dalam ciptaan, ke dalam Firman-Nya, dan kini — ke dalam diri Anda.

Anda telah disembuhkan untuk menjadi seorang penyembuh.

Anda bebas untuk memerdekakan orang lain.

Anda telah utuh — karena Yesus telah membayarnya, dan alam masih bersaksi.

Sekarang, ambillah langkah pertama.

Zacharias Dewa Laut; Kenyamanan Ladi Ogbe ;Amb. Senin O.Ogbe

Suara Kenabian | Pendeta Penyembuhan | Advokat Kesehatan

Penulis "Kode Kesehatan Ilahi"

[God's Eagle Ministries | otakada.org | wealthbeyondworryseries.com]

PERKENALAN

Penyembuhan Bukan Hanya Mungkin — Ia Dijanjikan. Namun, Penyembuhan Juga Harus Dilindungi.

Sejak awal penciptaan, Allah menunjukkan keinginan-Nya agar umat-Nya hidup dalam **kesehatan ilahi** — bukan sekadar penyembuhan sesekali. Adam ditempatkan di **taman** , bukan apotek. Sebelum dosa masuk, penyakit tidak memiliki suara. Dan bahkan setelah Kejatuhan, Allah terus-menerus menyatakan **sifat penyembuhan -Nya** melalui nama-Nya, perjanjian-Nya, dan ciptaan-Nya.

"Akulah Tuhan yang menyembuhkanmu." — *Keluaran 15:26*

"Daun pohon-pohon itu untuk penyembuhan bangsa-bangsa." — *Wahyu 22:2*

Kedua ayat ini membentuk inti renungan ini: **Tuhan menyembuhkan, dan Dia menggunakan Firman-Nya dan ciptaan-Nya — terutama tanaman — untuk melakukannya.**

Selama bertahun-tahun, kami telah menyaksikan banyak orang percaya menerima kesembuhan melalui doa, namun banyak yang mengalami serangan berulang, gejala baru, atau penurunan yang tak terlihat. Mengapa? Karena penyembuhan bukan sekadar mukjizat — penyembuhan juga merupakan **disiplin** , **aturan** , dan **cara hidup** . Penyembuhan harus **dipupuk** , **dilindungi** , dan **dijalani** .

Mengapa Andacht Ini?

Buku ini lahir dari doa, rasa sakit, dan beban profetik. Saya telah mendampingi orang-orang dengan penyakit terminal, penderitaan misterius, pergumulan kesehatan mental, gangguan hormonal, dan banyak lagi. Beberapa menerima kesembuhan yang luar biasa melalui penumpangan tangan dan iman. Yang lain membutuhkan lebih banyak lagi — mereka perlu menyelaraskan hidup, rumah, pola makan, dan pikiran mereka dengan Firman **Tuhan dan hikmat Tuhan melalui alam** .

Perjalanan 40 hari ini adalah **kurikulum penyembuhan Roh-Jiwa-Tubuh** . Kurikulum ini menggabungkan:

- **Kitab Suci dan kebijaksanaan ilmiah**
- **Doa dan petunjuk kenabian**
- **Obat herbal alami dan disiplin kesehatan**
- **Kisah orang-orang nyata yang datang untuk disembuhkan dari seluruh dunia**
- **Deklarasi, pertanyaan kelompok, jurnal, dan langkah-langkah tindakan**

Ini lebih dari sekadar renungan — ini adalah **reformasi gaya hidup penyembuhan** .

Perspektif Global, Berakar pada Kata

Anda akan menemukan **pengobatan herbal dari berbagai negara** — masing-masing dengan dukungan alkitabiah, petunjuk penggunaan, dan wawasan profetik. Baik itu **Kelor dari Afrika** , **Kunyit dari Asia** , **Jintan Hitam dari Timur Tengah** , atau **Lidah Buaya dari Amerika Latin** , setiap tanaman yang disebutkan dalam buku ini diciptakan oleh Tuhan dan divalidasi oleh penggunaan dan kesaksian selama berabad-abad.

Kami juga mengeksplorasi **bagaimana orang-orang di berbagai belahan dunia menemukan kesembuhan** — dari desa-desa di Nigeria hingga klinik di Israel, dari tenda doa di Brasil hingga rumah-rumah yang tenang di AS. Ini bukan dongeng. Ini adalah **saksi hidup** akan kuasa Tuhan dalam **Firman dan alam** .

Cara Menggunakan Buku Ini
Setiap Hari Termasuk:

- Ajaran **devosional** berdasarkan kitab suci dan satu atau dua kondisi kesehatan
- Kisah **nyata** seseorang yang berhasil mengatasi penyakitnya melalui doa dan gaya hidup
- Satu atau lebih **obat herbal atau alami** (dengan nama ilmiah/botani dan cara menggunakannya)
- Doa **untuk kesembuhan**
- Sebuah **deklarasi harian yang bersifat profetik** untuk kesehatan
- Kelompok **Penyembuhan** dan **Jurnal**
- Langkah **Aksi** untuk menerapkan apa yang telah Anda pelajari secara fisik dan spiritual

Anda dapat menggunakan buku ini dengan salah satu cara berikut:

- Secara pribadi: selama ibadah pagi atau sore Anda
- Dalam kelompok kecil: persekutuan penyembuhan, seminar kesehatan, kelompok doa wanita atau pria
- Bersama keluarga Anda: ajari anak-anak Anda kebiasaan sehat dari kitab suci
- Di gereja: untuk memimpin puasa 40 hari atau program kesehatan
- Untuk pendoa syafaat: berdoa doa penyembuhan yang ditargetkan untuk wilayah atau individu

Undangan Kenabian

Ini lebih dari sekadar panduan kesehatan.
Ini adalah **revolusi spiritual dalam tubuh Anda** .
Tuhan sedang memulihkan **kode Eden yang asli** — penyembuhan melalui Firman-Nya, Roh-Nya, dan tanaman-tanaman-Nya.

Anda tidak hanya akan pulih.
Anda akan diperbarui. Anda tidak hanya akan sembuh. Anda akan membantu orang lain sembuh. Anda tidak hanya akan sehat. Anda akan berjalan dalam **kesehatan ilahi** .

"Saudara-saudaraku yang kekasih, aku berdoa agar engkau baik-baik dan sehat-sehat saja dalam segala hal, sama seperti jiwamu baik-baik saja."
— *3 Yohanes 2*

Sekarang bukalah hatimu. Bukalah jiwamu. Bukalah tubuhmu.
Perjalanan menuju kesehatan ilahi dimulai sekarang.

UNTUK PARA PEMBACA

Kesayangan,
Anda memegang lebih dari sekadar buku di tangan Anda — Anda memegang **undangan ilahi** .

Sebuah undangan untuk **penyembuhan** , menuju **kesempurnaan** , dan menuju **cara hidup yang dipulihkan** — sebagaimana dimaksudkan Surga.

Perjalanan ini untuk Anda.
Jika Anda telah berjuang melawan penyakit jangka panjang...
Jika Anda telah berdoa dan berpuasa, namun gejalanya kembali... Jika Anda telah melihat orang-orang terkasih menderita dan berharap Anda dapat berbuat lebih banyak... Jika Anda percaya pada mukjizat, tetapi juga tahu bahwa Tuhan bekerja melalui hikmat dan hal-hal alami... Maka inilah momen Anda. Inilah **pengaturan ulang Anda.**

Selama 40 hari ke depan, Anda akan berjalan bersama Tuhan melalui **80 tantangan kesehatan paling umum** yang dihadapi umat manusia saat ini. Setiap hari dirancang untuk membuka **kunci kenabian** — melalui **Kitab Suci** , **deklarasi penyembuhan** , **pengobatan alami** , **kesaksian dari seluruh dunia** , dan **langkah-langkah praktis** untuk membantu Anda menyelaraskan hidup Anda dengan cetak biru kesehatan Tuhan.

Kamu akan tertawa. Kamu mungkin menangis. Kamu pasti akan merenung.

Tapi yang terpenting, **kamu akan bangkit** — dalam kekuatan, kebijaksanaan, dan keutuhan.
Jangan jadikan ini sekadar renungan yang Anda baca.
Jadikan ini perjalanan yang Anda jalani.
Catat doa-doa Anda. Renungkan ayat-ayat Alkitab. Bagikan kisah penyembuhan Anda.
Terapkan pengetahuannya. Mulailah gaya hidup ini. Dan yang terpenting, **percayalah kembali** .

Anda tidak sendirian.

Yesus adalah Penyembuhmu. Roh Kudus adalah Penolongmu. Dan melalui Firman-Nya dan ciptaan-Nya, Allah telah menyediakan kesembuhanmu.

"Dia mengirimkan firman-Nya, lalu menyembuhkan mereka dan melepaskan mereka dari kehancuran mereka."
— *Mazmur 107:20*
Inilah saatnya Anda.
Biarkan penyembuhan dimulai.
Dengan cinta dan harapan,
Zacharias Godseagle; Comfort Ladi Ogbe; Amb. Monday O. Ogbe
Pelayanan Elang Tuhan | *otakada.org*

CARA MEMBACA DAN MENGAPLIKASIKAN RENUNGAN INI

Untuk Individu, Keluarga, Kelompok Penyembuhan, Gereja & Klub Kesehatan Herbal

"Bila firman-Mu tersingkap, firman-Mu memberi terang, dan memberi pengertian kepada orang-orang bodoh." — Mazmur 119:130
"Dan daun-daun pohon itu dipakai untuk menyembuhkan bangsa-bangsa." — Wahyu 22:2

Renungan 40 hari ini lebih dari sekadar buku — ini adalah **perjalanan pemulihan** , **cetak biru untuk kesehatan ilahi** , dan **alat profetik** untuk transformasi harian. Penyembuhan bukan hanya sesuatu yang kita terima; melainkan sesuatu yang kita jalani, **hidupi** , dan **pertahankan melalui kebenaran dan disiplin** .
Berikut ini cara Anda dapat menerapkan buku ini untuk memperoleh **dampak maksimal dan hasil yang bertahan lama** , baik Anda menggunakannya sendiri atau bersama kelompok:

UNTUK PEMBACA INDIVIDUAL

Jika Anda sedang dalam perjalanan penyembuhan pribadi:

- Bacalah satu kitab renungan **setiap hari selama 40 hari** — idealnya di pagi hari.
- Siapkan **buku catatan atau jurnal** di samping Anda untuk menjawab pertanyaan refleksi harian.

- Ucapkan **deklarasi penyembuhan harian dengan lantang,** penuh iman dan keyakinan.
- Siapkan dan coba **pengobatan herbal** , sesuai petunjuk, jika tersedia.
- Doakan **doa penyembuhan setiap hari** dengan tulus, sambil meminta Roh Kudus untuk bimbingan khusus.
- Lakukan **tindakan harian** dengan serius — biarkan tindakan tersebut mengubah kebiasaan Anda.
- Tuliskan **kesaksian Anda sendiri** , perubahan kesehatan, dan wawasan rohani saat semuanya muncul.

Inilah pemulihan sucimu. Bait sucimu layak untuk dipulihkan. (1 Korintus 6:19)

UNTUK KELUARGA

Jika Anda berjalan bersama keluarga Anda:

- Dedikasikan 30–45 menit sehari untuk **pengabdian keluarga dan refleksi kesehatan** .
- Bergiliran membaca renungan dan memimpin doa atau deklarasi.
- Diskusikan **Pertanyaan Diskusi Kelompok Penyembuhan** bersama-sama.
- Jadikan pengobatan dan makanan herbal **sebagai pengalaman belajar bersama** .
- Biarkan anak-anak atau remaja menjelajahi sisi kesehatan alkitabiah sebagai bagian dari pemuridan rohani.
- Tetapkan **jurnal** sebagai aktivitas waktu tenang untuk keterlibatan pribadi.

Biarkan kesehatan ilahi menjadi budaya keluarga — bukan hanya respons darurat.

UNTUK GRUP PENYEMBUHAN (Tatap Muka atau Online)

Untuk kelompok kecil, persekutuan rumah, atau persekutuan penyembuhan:

- **waktu pertemuan** tetap setiap hari atau setiap minggu (secara langsung atau daring).
- Mintalah satu orang membaca renungan itu dengan suara keras, dan orang lain memimpin doa.
- Ciptakan ruang untuk **membagikan kesaksian** , meskipun sebagian atau masih dalam proses.
- Diskusikan **Pertanyaan Diskusi Kelompok Penyembuhan** untuk setiap hari.
- Tetapkan **langkah tindakan harian** yang harus dilakukan sebelum sesi berikutnya.
- Dorong anggota untuk menulis jurnal tentang wawasan mereka, dan bahkan mencoba pengobatan herbal bersama-sama.

Kelompok bertumbuh bersama. Biarkan penyembuhan mengalir dari satu kesaksian ke kesaksian lainnya.

UNTUK GEREJA & PELAYANAN

Untuk kampanye penyembuhan di seluruh gereja, puasa 40 hari, atau seminar kesehatan:

- Perkenalkan renungan ini sebagai bagian dari **Tantangan Kesehatan Ilahi 40 Hari** .
- Mobilisasikan jemaat Anda untuk membaca setiap hari dan berkumpul setiap minggu untuk merenung.
- **seri khotbah** paralel tentang penyembuhan, tanaman, doa, dan kesehatan.
- Buatlah **altar penyembuhan atau klinik kesehatan** dengan lokakarya pengobatan alami.
- Undanglah dokter, herbalis, dan pendoa syafaat untuk menyelenggarakan hari kesehatan dan doa.
- Berdayakan pelayanan wanita, pria, atau pemuda Anda untuk menjalankan perjalanan secara mandiri.

Gereja seharusnya tidak hanya menjadi tuan rumah kebangkitan rohani — gereja seharusnya menjadi tuan rumah pemulihan.

UNTUK KLUB KESEHATAN HERBAL & KOMUNITAS KESEHATAN KINGDOM

Untuk penggemar herbal, pendukung kesehatan, dan pemimpin kesehatan yang profetik:

- Bentuklah **"Lingkaran Kesehatan Ilahi" atau Klub Kesehatan Herbal** dengan menggunakan renungan ini.
- Ajarkan peserta cara mengidentifikasi, mencari sumber, dan menyiapkan **pengobatan harian** .
- Membahas **pemanfaatan tanaman dalam kitab suci dan sains** , mengeksplorasi manfaatnya lebih dalam.

- Bagikan **kisah penyembuhan pribadi atau budaya** untuk menginspirasi dan mendidik orang lain.
- Padukan pembelajaran herbal dengan **deklarasi alkitabiah dan doa penyembuhan** .
- Melacak **laporan kemajuan kesehatan/testimoni** seluruh anggota.

Biarkan klub kesehatan Anda menjadi gerbang penyembuhan profetik di kota dan negara Anda.

Catatan Akhir:

Tidak peduli bagaimana Anda bepergian — sendiri, bersama orang terkasih, atau berkelompok — ingatlah ini: Penyembuhan mengalir di mana **kebenaran** , **iman** , dan **tindakan** bertemu.

Tuhan telah memberikan **Firman-Nya dan dunia-Nya kepada kita** — sekarang saatnya untuk hidup sehat, hidup bijaksana, dan hidup dalam kesembuhan.

Selamat datang di perjalanan **Kode Kesehatan Ilahi** — di mana penyembuhan Anda menjadi sebuah kesaksian dan keutuhan Anda menjadi gaya hidup.

Daun Penyembuhan: Resep Abadi Tuhan bagi Bangsa-Bangsa

Dari Eden hingga Keabadian — Penyembuhan Selalu Menjadi Rencana

Jauh sebelum laboratorium, vaksin, atau pabrik farmasi… Sebelum antibiotik dan operasi… Ada **daun** .
Ada **tumbuhan** .
Ada **napas Tuhan pada ciptaan** , yang menanamkan kehidupan ke dalam bumi di bawah kaki kita.

Dari **Kitab Kejadian sampai Kitab Wahyu** , rencana Tuhan untuk penyembuhan tidaklah tersembunyi — rencana itu **berakar di dalam tanah** dan **dibisikkan melalui angin** :
"Daun-daun pohon itu digunakan untuk menyembuhkan bangsa-bangsa." — Wahyu 22:2
Ini bukan simbolis.
Ini profetik. Ini literal. Dan masih demikian.

Daun Penyembuhan dalam Kitab Suci
Mari kita telusuri teks-teks suci dan temukan bagaimana **Tuhan terus-menerus menggunakan tanaman** sebagai wadah penyembuhan, pembebasan, pemulihan, dan persekutuan ilahi.

1. Eden: Pusat Kesehatan Asli
"Berfirmanlah Allah: 'Lihatlah, Aku memberikan kepadamu segala tumbuh-tumbuhan yang berbiji... dan segala pohon-pohonan yang buahnya berbiji; itulah akan menjadi makananmu.'" — Kejadian 1:29

Eden bukan sekedar surga — itu adalah **apotek hidup** .
Resep manusia pertama adalah:

- Tanaman untuk makanan
- Pohon untuk penyembuhan
- Buah untuk pemulihan

Tanpa pabrik. Tanpa pil sintetis. Hanya ciptaan, dicium oleh Tuhan.

2. Musa dan Air Pahit

Lalu ia berseru kepada Tuhan, dan Tuhan menunjukkan kepadanya sebatang pohon. Ketika ia melemparkannya ke dalam air, air itu menjadi manis. — Keluaran 15:25
Di Mara, airnya pahit—tak bisa diminum.
Namun, Tuhan tidak mengirimkan bahan kimia atau insinyur.
Dia mengirim sebuah **pohon** .
Kayu **penyembuhan** berubah pahit menjadi manis — dan menjadi simbol kenabian tentang bagaimana **Yesus (pohon kehidupan) akan menyembuhkan hati yang pahit dan tubuh yang beracun** .

3. Resep Daun Ara Yesaya untuk Hizkia

"Lalu Yesaya berkata, 'Siapkanlah tapal buah ara.' Mereka pun melakukannya dan mengoleskannya pada bisul itu, lalu sembuhlah ia." — 2 Raja-raja 20:7
Raja Hizkia sedang sekarat.
Tuhan mengirimkan **firman melalui Yesaya** — tetapi juga **solusi alami** .
Tapal yang terbuat dari **daun ara (Ficus carica)** — obat penyembuhan tradisional yang bahkan diakui dalam pengobatan modern karena **sifat anti-inflamasi dan antimikrobanya** .

Penyembuhan dari Tuhan sering kali datang dalam **bentuk deklarasi dan penciptaan** .

4. Minyak Urapan: Obat Ilahi dalam Bentuk Cair

"Ambillah bagimu rempah-rempah pilihan… mur, kayu manis, tebu… minyak zaitun… itu akan menjadi minyak urapan yang kudus." — Keluaran 30:22–25

Minyak urapan suci — yang digunakan untuk raja, imam, nabi, dan tempat-tempat suci — **seluruhnya terbuat dari tumbuhan** :

- **Mur** (Commiphora) – penyembuhan dan pembalseman
- **Kayu manis** – antiseptik, memberi energi
- **Calamus** – menenangkan, aromatik
- **Minyak zaitun** – dasar pemeliharaan dan berkat ilahi

Setiap sentuhan minyak merupakan tindakan spiritual dan pengalaman penyembuhan alami.

5. James dan Protokol Penyembuhan Gereja

"Apakah ada di antara kamu yang sakit? Biarlah mereka memanggil penatua-penatua… dan mengoles mereka dengan minyak dalam nama Tuhan." — Yakobus 5:14

Minyak itu tidak ajaib. Minyak itu berkhasiat obat — berasal dari **pohon zaitun** , yang dikenal karena khasiatnya yang anti-inflamasi, melancarkan peredaran darah, dan melindungi jantung.

itu **mengaktifkan iman** . **Doa itu menyegel kesembuhan** .

Tuhan menggunakan **bumi dan Roh bersama-sama** .

Penciptaan Masih Berbicara

Ilmu pengetahuan modern baru saja mengejar ketertinggalan.

- **Tumbuhan hijau memberi kita oksigen** , menghilangkan racun seperti karbon dioksida, benzena, dan formaldehida dari udara.
- **Ramuan harum seperti rosemary dan lavender** meningkatkan daya ingat, mengurangi kecemasan, dan memperbaiki kualitas tidur.
- **Sayuran berdaun hijau seperti kangkung dan bayam** mencegah degenerasi makula dan memperkuat penglihatan.
- **Bawang putih, jahe, dan kunyit** mengurangi peradangan, menyeimbangkan gula darah, dan melawan penyakit.
- **Kelor, nimba, dan kemangi suci (Tulsi)** dikenal sebagai "tanaman ajaib" di Afrika dan India — dan telah terbukti dapat membalikkan diabetes, meningkatkan kekebalan tubuh, dan membersihkan infeksi.

Bahkan saat ini, **lebih dari 50% obat-obatan farmasi berasal dari tanaman** — namun kita sering melupakan **Sumbernya** .

Pengingat Nubuatan

Kita bukan hanya berada di era medis.
Kita berada dalam **kebangkitan restoratif kode Eden** .
Bagaimana jika kesembuhan Tuhan sudah ada di kebunmu?
Bagaimana jika mukjizatmu tersembunyi di dapur atau halaman belakang rumahmu?
Tuhan sedang membangkitkan generasi **orang percaya yang berdoa dan menanam**
— yang **mengurapi dan menerapkan**

— yang **berpuasa dan bertani**
— yang **mendeklarasikan dan mendetoksifikasi**

Anda Sekarang Adalah Pembawa Wahyu Ini
Anda sekarang membawa **Kode Kesehatan Ilahi** — cetak biru kerajaan di mana:

- **Kitab Suci bertemu sains**
- **Iman bertemu makanan**
- **Kekuatan bertemu tanaman**
- **Penyembuhan menjadi gaya hidup**

Tuhan yang sama yang membentuk tubuhmu dari tanah…
…telah memberimu apa yang kamu butuhkan dari tanah untuk menyembuhkan.
Jangan abaikan apa yang telah disediakan Surga.
Penyembuhan *bangsa-bangsa* masih datang — melalui *daun-daun Pohon* .

Hari 1 – Penyembuhan dari Tinggi Darah Tekanan (Hipertensi)

40 Kunci Harian untuk Mengaktifkan Penyembuhan Melalui Firman Tuhan dan Ciptaan -

Ayat Fokus
"Hati yang tenang menyegarkan tubuh, tetapi iri hati merusak tulang." — Amsal 14:30 (NIV)

Tantangan Kesehatan Global
Tekanan darah tinggi memengaruhi lebih dari **1,28 miliar orang di seluruh dunia** , namun kebanyakan tidak menyadari bahwa mereka mengalaminya—hingga menyebabkan serangan jantung, stroke, gagal ginjal, atau kematian. Tekanan darah tinggi sering disebut "pembunuh diam-diam". Namun, Firman Tuhan dan obat alami-Nya menawarkan kesembuhan bagi mereka yang mencari keutuhan jiwa dan raga.

Obat Penyembuh dari Ciptaan: Kembang Sepatu *(Hibiscus sabdariffa)* & Bawang Putih *(Allium sativum)
Formula Herbal #1 – Teh Kembang Sepatu *(Hibiscus sabdariffa)*

- **Apa yang Anda Butuhkan:** 2 sendok makan kelopak kembang sepatu kering (daun Zobo)
- **Cara Penggunaan:** Rebus dalam 500 ml air selama 10 menit. Saring. Minum **1 cangkir pagi**

dan malam selama 21 hari. Hindari gula—tambahkan 1 sdt madu murni jika perlu.

Formula Herbal #2 – Tonik Bawang Putih *(Allium sativum)*

- **Apa yang Anda Butuhkan:** 1 siung bawang putih segar, dihancurkan
- **Cara Penggunaan:** Telan mentah dengan air hangat sekali sehari di pagi hari ATAU campur dengan 1 sdt madu jika rasanya terlalu kuat.

Catatan: Jangan mengonsumsi keduanya secara bersamaan jika Anda sedang mengonsumsi obat tekanan darah. Konsultasikan dengan dokter atau ahli herbal untuk mendapatkan panduan.

Wawasan Penyembuhan: Hubungan Roh–Jiwa–Tubuh

Banyak kasus tekanan darah tinggi tidak hanya bersifat fisik—melainkan juga emosional dan spiritual. Stres, kepahitan, ketakutan, dan kebutuhan untuk mengendalikan diri meningkatkan tekanan darah jauh sebelum tubuh menunjukkan gejala. Namun, Tuhan memanggil kita untuk *berdamai* —bukan panik. Saat jiwamu beristirahat di tangan-Nya, tubuhmu pun sering kali mengikutinya.

Kisah Nyata – Nigeria & AS (Diperluas)

Miriam, seorang janda berusia 62 tahun dan pensiunan guru di Jos, Nigeria, telah menanggung beban hidup sendirian selama bertahun-tahun—kehilangan, tekanan finansial, dan patah hati. Ketika dokter memberi tahu bahwa ia menderita hipertensi stadium 2 dan membutuhkan pengobatan setiap hari, ia pun menangis. Namun, ada sesuatu yang muncul dalam dirinya. Ia teringat Mazmur 23 dari masa kecilnya. Ia mulai bangun pagi, menyeduh teh kembang sepatu, dan duduk dengan tenang setiap pagi dengan Alkitabnya. "Tuhan adalah Gembalaku," bisiknya setiap hari. Ia memaafkan orang-orang yang menyakitinya. Ia mulai tertawa lagi—awalnya pelan, lalu nyaring.

Dalam dua bulan, tekanan darahnya kembali normal. Di sebuah konferensi perempuan, ia berdiri dan bersaksi:

"Tuhan menggunakan sekuntum bunga dan sebuah ayat untuk menyelamatkan hidupku. Aku bukan hanya sembuh—aku hidup kembali!"

Di AS, Dr. Alveda —seorang naturopati Kristen— menceritakan kasus seorang ibu muda yang kewalahan akibat perceraian, dan tekanan darahnya sangat tinggi. Alveda merekomendasikan tonik bawang putih dan "resep rasa syukur harian". Dalam sebulan, tekanan darahnya turun.

"Bukan hanya bawang putih," kata Alveda. "Itu adalah penyembuhan hatinya. Ia mulai bersyukur kepada Tuhan bahkan sebelum jawaban datang—dan kedamaian menggantikan tekanan itu."

Doa untuk Kesembuhan

Bapa Surgawi,

Engkaulah Allah yang membawa kedamaian bagi badai dan ketenangan bagi kekacauan. Kuserahkan ketakutanku, stresku, dan setiap ketegangan tersembunyi di hatiku kepada-Mu. Sembuhkanlah aku dari dalam ke luar. Biarkan tekanan darahku selaras dengan kedamaian ilahi.

Kusampaikan kedamaian bagi hatiku, ketenangan bagi pikiranku, dan kesehatan bagi tubuhku. Dalam nama Yesus yang mahakuasa, Amin.

Deklarasi Penyembuhan Harian

Aku berjalan dalam kedamaian dan kesehatan ilahi. Hatiku tenang, darahku mengalir bebas, dan tubuhku selaras dengan ritme surgawi. Tak ada tekanan yang menguasaiku. Aku kuat, stabil, dan disembuhkan oleh kuasa Tuhan. Oleh bilur-bilur-Nya, aku disembuhkan. Amin!

Titik Aksi

- Seduh dan minum teh kembang sepatu hari ini—tanpa pemanis.
- Luangkan waktu 10 menit dalam doa hening atau meditasi ayat suci (Mazmur 46:10).
- Tanyakan kepada Roh Kudus: Siapa yang perlu saya ampuni untuk melepaskan ketegangan yang terpendam?

Jurnal Prompt

- Beban apakah yang selama ini kupikul dalam diam?
- Bagaimana jadinya jika saya membiarkan Yesus memikul tanggung jawab itu bagi saya hari ini?

Pertanyaan Diskusi Kelompok Penyembuhan

1. Bisakah stres atau luka emosional menjadi penyebab spiritual dari penyakit fisik? Bagikan contoh pribadi Anda.

2. Apa saja cara praktis yang Anda lakukan untuk menemukan kedamaian di masa-masa yang penuh tekanan?
3. Apakah ada seseorang yang perlu Anda maafkan atau sesuatu yang perlu Anda lepaskan hari ini?

Momen Refleksi

Tutup mata Anda dan tarik napas dalam-dalam lima kali. Bayangkan hati Anda beristirahat dalam tangan Tuhan—aman, tenang, dan tanpa beban. Sekarang bisikkan dengan lantang:

"Aku dipeluk. Aku disembuhkan. Aku utuh."

Hari ke-2 – Bebas dari Diabetes (Tipe 2 & Ketidakseimbangan Gula Darah)

"Penyembuhan tidak hanya menurunkan gula—tetapi juga menyegarkan jiwa Anda."

Ayat Fokus

"Sembahlah Tuhan, Allahmu, maka berkat-Nya akan turun atas makanan dan minumanmu. Aku akan menyingkirkan penyakit dari tengah-tengahmu." — Keluaran 23:25 (NIV)

Tantangan Kesehatan Global

Lebih dari **537 juta orang di seluruh dunia** hidup dengan diabetes. Bagi banyak orang, diabetes adalah perjuangan sehari-hari melawan jarum suntik, pil, kelelahan, dan ketakutan. Namun, seringkali, di balik ketidakseimbangan gula darah terdapat sesuatu yang lebih dalam: jiwa yang terasa hampa—haus akan lebih dari sekadar makanan. Tuhan ingin memuaskan rasa lapar itu dan memulihkan keseimbangan tubuh Anda.

Obat Penyembuhan dari Penciptaan: Daun Pahit *(Vernonia amygdalina)* + Kayu Manis *(Cinnamomum verum)* + Fenugreek *(Trigonella foenum-graecum)*
Formula Herbal #1 – Jus Daun Pahit *(Vernonia amygdalina)*

- **Apa yang Anda Butuhkan:** 5–7 lembar daun pahit segar
- **Cara Pakai:** Cuci bersih, haluskan atau peras daun ke dalam ½ gelas air, lalu saring. Minum **½ gelas setiap hari** saat perut kosong selama 14 hari. Diamkan selama 7 hari. Ulangi.

Formula Herbal #2 – Teh Kayu Manis & Klabet

- **Apa yang Anda Butuhkan:**
    - 1 sdt bubuk kayu manis *(Cinnamomum verum)* atau 1 batang kayu manis
    - 1 sdt biji fenugreek *(Trigonella foenum-graecum)*
- **Cara Penggunaan:** Rebus keduanya dalam 1 gelas air selama 10 menit. Saring dan minum **sekali sehari** , sebaiknya di pagi hari.

Pantau kadar gula Anda jika sedang mengonsumsi obat. Penyembuhan alami dapat mengurangi kebutuhan dosis.

Wawasan Penyembuhan: Gula Jiwa

Seringkali, diabetes lebih dari sekadar masalah diet—melainkan masalah pengabdian. Tubuh mendambakan rasa manis ketika hati terasa pahit, kering, atau hancur. Yesus berkata, "Akulah Roti Hidup." Ketika jiwa Anda menyantap-Nya, hasrat fisik mulai hilang. Penyembuhan dimulai di meja ibadah.

Kisah Nyata – India & Kenya (Diperluas)

Perjalanan Raj – Mumbai, India
Raj adalah seorang akuntan berusia 48 tahun yang menjalani kehidupan serba cepat dan penuh tekanan. Ia menyukai makanan manis—terutama setelah hari kerja yang panjang. Didiagnosis diabetes tipe 2, ia merasa marah kepada Tuhan dan dirinya sendiri. "Mengapa aku?" serunya.

Suatu hari, seorang rekan Kristen membagikan renungan tentang penyembuhan melalui ciptaan Tuhan dan menyarankan teh kayu manis dan fenugreek. Raj dengan enggan menyetujuinya. Sambil menyesap teh, ia juga mulai membaca Mazmur 103 dengan lantang setiap pagi, sambil menyatakan:

"Dia mengampuni semua dosaku dan menyembuhkan semua penyakitku."

Dalam tiga bulan, gula darahnya turun. Namun, imannya bahkan kembali. Ia mulai menulis jurnal, memaafkan saudaranya yang terasing, dan memimpin doa di tempat kerjanya. "Kesembuhan datang ketika saya berhenti menyalahkan Tuhan dan mulai menyembah-Nya lagi," ujarnya.

Mama Grace – Kisumu, Kenya
Di usia 65 tahun, Mama Grace telah hidup dengan diabetes selama 12 tahun. Lemah, frustrasi, dan lelah dengan obat-obatan, ia berseru dalam doa: "Tuhan, aku butuh belas kasihan-Mu." Ia bermimpi ibunya menyiapkan sup daun pahit—sesuatu yang sudah bertahun-tahun tidak dimakannya.

Bangun dengan keyakinan, ia memetik daun-daun pahit dari halaman belakang rumahnya dan mulai membuat jus setiap pagi sambil berdoa dalam bahasa roh. Ia berjalan kaki selama 20 menit setiap hari, mengurangi karbohidrat di malam hari, dan berpuasa setiap minggu dengan Mazmur 107:20 di bibirnya.
Laporan klinik berikutnya mengejutkan para perawat. Gula darahnya telah stabil.

"Saya tidak hanya merasa lebih baik," ujarnya sambil menangis, "Saya merasa terlahir kembali dalam tubuh saya."

Doa untuk Kesembuhan

Yesus, Engkaulah kemanisan sejati yang dirindukan jiwaku. Sembuhkan aku dari dalam ke luar.

Menyeimbangkan tubuh saya, memulihkan insulin saya, dan membersihkan aliran darah saya.
Hilangkan beban emosional, kepahitan, dan kesedihan.
Biarkanlah aku menikmati kehadiran-Mu lebih dari pada gula.
Engkaulah Rotiku. Engkaulah Hidupku. Aku menerima kesembuhanku dengan iman.
Amin.

Deklarasi Penyembuhan Harian

Kadar gulaku mulai selaras.
Tubuhku disembuhkan, dan jiwaku dipuaskan dalam Kristus.
Saya memiliki disiplin Roh Kudus.
Aku tidak menginginkan apa pun yang menghancurkanku.
Sel-selku pulih. Imanku hidup. Jiwaku ternutrisi.
Oleh bilur-bilur-Nya aku disembuhkan.
Amin.

Titik Aksi

Gantilah minuman manis Anda hari ini dengan teh kayu manis-fenugreek.

Mulailah jurnal rasa syukur—tuliskan 3 hal yang Anda syukuri sebelum makan.

Berjalanlah selama 15 menit sambil merenungkan Mazmur 103:1–5.

Jurnal Prompt

Ke mana saya harus mencari kenyamanan saat saya merasa terbebani?
Apakah yang benar-benar diinginkan jiwaku hari ini ?

Pertanyaan Diskusi Kelompok Penyembuhan

1. Bagaimana kekosongan emosional memengaruhi keinginan fisik?

2. Dengan cara apa Anda dapat mempraktikkan disiplin yang membawa kehidupan dan penyembuhan?

3. Ayat Alkitab apa yang telah membantu Anda memperbarui pikiran dan tubuh Anda selama sakit?

Momen Refleksi

Letakkan tanganmu di atas perutmu dan berdoa:

"Tuhan, Engkau menciptakan tubuh ini. Kembalikan keseimbangannya."
Sekarang berbisiklah dengan keras:
"Aku sembuh. Aku utuh. Aku puas di dalam-Mu."

Hari ke-3 – Penyembuhan dari Arthritis & Nyeri Sendi

"Tulangmu diciptakan untuk bergerak. Firman Tuhan dapat memulihkan rasa sakit yang telah membeku."

Ayat Fokus

"Dia memberi kekuatan kepada yang lelah dan menambah kekuatan kepada yang lemah." — Yesaya 40:29 (NIV)

Tantangan Kesehatan Global

Lebih dari **350 juta orang di seluruh dunia** menderita artritis atau nyeri sendi kronis, yang membuat aktivitas sederhana seperti berjalan, mandi, atau tidur pun menjadi sulit. Hal ini merampas martabat, kemandirian, dan seringkali menyebabkan depresi. Namun, Tuhan yang sama yang merajut tulang di dalam rahim dapat menguatkan kembali sendi-sendi. **Kesembuhan tetap merupakan kehendak-Nya.**

Ramuan Penyembuhan dari Ciptaan: Kunyit *(Curcuma longa)* + Jahe *(Zingiber officinale)* + Kelor *(Moringa oleifera)*

Formula Herbal #1 – Teh Sendi Anti-Peradangan

- **Apa yang Anda Butuhkan:**
  - 1 sdt bubuk kunyit *(Curcuma longa)*
  - 1/2 sdt jahe segar parut *(Zingiber officinale)*
  - Sedikit lada hitam (meningkatkan penyerapan)

- **Cara Penggunaan:** Rebus dalam 1 gelas air selama 10 menit. Saring dan minum **sekali atau dua kali sehari** , sebaiknya setelah makan.

Formula Herbal #2 – Pasta dan Minyak Kelor *(Moringa oleifera)*

- **Internal:** Tambahkan 1 sdt bubuk kelor ke smoothie atau teh hangat setiap hari.
- **Topikal:** Campurkan minyak kelor dengan beberapa tetes minyak kayu putih dan pijat lembut pada sendi yang nyeri dua kali sehari.

Catatan: Penderita masalah kandung empedu sebaiknya membatasi asupan kunyit. Selalu pantau reaksi pribadi.

Wawasan Penyembuhan: Iman yang Beku, Tulang yang Beku

Rasa sakit kronis tidak hanya membatasi gerak Anda—ia juga menyerang pola pikir Anda. Anda mulai mengharapkan rasa sakit, membicarakan rasa sakit, dan hidup sederhana. Namun Yesus menyembuhkan orang yang tangannya lumpuh bukan hanya untuk memulihkan tubuhnya—melainkan untuk memulihkan tujuannya. **Ketika rasa sakit Anda menjadi doa Anda, kuasa kembali.**

Kisah Nyata – Jamaika & Afrika Selatan (Diperluas)

Kembalinya Marcia – Kingston, Jamaika

Marcia, 59 tahun, selalu gemar berkebun. Namun, radang sendi menjalar ke jari tangan dan lututnya, membuatnya tak tertahankan untuk memegang perkakas atau berdiri terlalu lama. Dokter menyarankannya untuk bersiap menggunakan kursi roda.

Namun pada suatu hari Minggu, pendetanya mengurapinya dengan minyak dan berkata, *"Tanganmu akan menggali tanah lagi."* Ia pun menangis. Minggu itu, ia mulai minum teh kunyit-jahe, memijat lututnya dengan minyak kelor, dan mengucapkan Mazmur 18:33 setiap hari:
"Dia membuat kakiku seperti kaki rusa."
Sebulan kemudian, Marcia kembali ke kebunnya. Ia kini mengajar sekelompok kecil anak perempuan cara menanam herba untuk penyembuhan. "Tuhan tidak hanya menyembuhkan saya," ujarnya, "Dia memberi saya misi baru."

Terobosan Daniel – Cape Town, Afrika Selatan
Daniel, 67 tahun, menderita artritis reumatoid parah yang membuatnya bergantung pada obat pereda nyeri. Putrinya memperkenalkannya pada program kesehatan Kristen daring di mana ia belajar tentang kunyit, terapi pengampunan, dan peregangan ringan berbasis iman. Dengan menggabungkan teh dengan deklarasi harian, rasa sakitnya berkurang dari tingkat 9 ke tingkat 2 dalam tiga minggu. Kini, ia membuka setiap renungan keluarga dengan mengucapkan:
"Bicaralah pada tulangmu—mereka akan mendengar ketika surga berbicara."

Doa untuk Kesembuhan
Tuhan, Engkau membentuk tulang-tulangku dan menghitung setiap sendi.
Engkaulah Kebangkitan dan Hidup—bahkan di dalam tubuhku. Hari ini, aku perintahkan setiap peradangan untuk pergi. Biarlah minyak sukacita menggantikan rasa sakit duka. Aku menerima kekuatan di tulang-tulangku, kelenturan di sendi-sendiku, dan api di imanku. Rasa sakit

ini tidak akan mendefinisikanku—kuasa-Mu yang akan mendefinisikanku. Dalam nama Yesus, Amin.

Deklarasi Penyembuhan Harian

Sendi-sendiku diminyaki oleh kuasa ilahi.
Rasa sakit tak punya tempat di tubuh ini. Aku bergerak dengan kekuatan, aku berjalan dengan sukacita, aku bangkit dengan kesembuhan. Tulang-tulangku merespons suara Tuhan. Aku disembuhkan, utuh, dan berjalan dengan tujuan. Amin!

Titik Aksi

- Seduh teh kunyit-jahe dan ucapkan Yesaya 40:29 sambil meminumnya.
- Regangkan perlahan dengan keyakinan. Ucapkan kesembuhan pada sendi-sendimu.
- Pijat bagian yang sakit dengan minyak kelor atau minyak zaitun sambil berdoa.

Jurnal Prompt

- Kegiatan apa saja yang telah merampas rasa sakit dari Anda?
- Menurut Anda, apa yang ingin Tuhan pulihkan melalui penyembuhan Anda?

Pertanyaan Diskusi Kelompok Penyembuhan

1. Bagaimana nyeri kronis memengaruhi pola pikir dan energi spiritual Anda?
2. Ayat Alkitab apa yang menguatkan Anda saat tubuh Anda terasa lemah?
3. Bagaimana kita dapat membantu orang lain menghadapi penderitaan dengan iman—bukan ketakutan?

Momen Refleksi

Letakkan tangan Anda di lutut, siku, atau sendi yang sakit.
Ucapkan dengan lantang:
**"Roh Kudus, lumasi sendi-sendiku dengan kuasa.
Aku bergerak lagi dalam nama Yesus."**
Lalu berdirilah, jika kau bisa, dan katakan:
"Aku bangkit. Aku berjalan. Aku sembuh."

Hari ke-4 – Penyembuhan dari Tukak Lambung dan Gangguan Pencernaan

"Ketika Tuhan berbicara damai di perutmu, seluruh keberadaanmu pun menjadi tenang."

Ayat Fokus

"Kamu akan beribadah kepada Tuhan, Allahmu, dan Dia akan memberkati roti dan airmu. Dan Aku akan menyingkirkan penyakit dari tengah-tengahmu." — Keluaran 23:25 (TB)

Tantangan Kesehatan Global

Jutaan orang menderita tukak lambung, refluks asam, dan masalah pencernaan kronis dalam diam. Gangguan ini seringkali berakar pada pola makan yang buruk, penggunaan obat yang berlebihan, dan stres emosional yang mendalam. Namun, Yesus, yang memecah-mecah roti dan memberkatinya, masih memberikan kedamaian bagi sistem pencernaan hingga saat ini.

Ramuan Penyembuhan dari Ciptaan: Teh Kulit Pisang Raja *(Musa paradisiaca)* + *Jus Kubis (Brassica oleracea)* + Akar Manis *(Glycyrrhiza glabra)*

Formula Herbal #1 – Teh Kulit Pisang *(Musa paradisiaca)*

- **Apa yang Anda Butuhkan:** Kupas 1 pisang raja (hijau) yang masih mentah
- **Cara Penggunaan:** Cuci, iris, dan rebus kulitnya dalam 2 gelas air selama 10–15 menit. Saring dan minum **1 gelas pagi dan malam** saat perut kosong.

- Membantu melapisi lapisan lambung, mengurangi asam, dan mempercepat penyembuhan.

Formula Herbal #2 – Jus Kubis *(Brassica oleracea)*

- **Apa yang Anda Butuhkan:** Setengah kubis ukuran sedang
- **Cara Penggunaan:** Blender atau buat jus dengan sedikit air. Minum **½ hingga 1 cangkir** segar setiap pagi selama 1-2 minggu.
- Mengandung glutamin dan antioksidan yang membangun kembali lapisan lambung.

Tambahan Opsional – Teh Akar Licorice *(Glycyrrhiza glabra)*

- Menenangkan dan memperkuat lapisan lambung.
- Gunakan secukupnya (1 cangkir/hari, maksimal 2 minggu) jika tidak menderita hipertensi.

Hindari makanan pedas, asam, dan olahan selama masa pemulihan ini. Istirahatkan usus dan jiwa Anda.

Wawasan Penyembuhan: Api Batin atau Kedamaian Batin?

Banyak tukak lambung bukan disebabkan oleh makanan—melainkan oleh rasa takut. Kecemasan, kemarahan, atau kepahitan menciptakan asam dalam jiwa yang meluap ke perut. Yesus tidak hanya meredakan badai di alam—Dia juga meredakan badai di dalam diri. Usus Anda adalah otak kedua Anda. **Ketika jiwa Anda tenang, pencernaan Anda pun selaras.**

Kisah Nyata – Ghana & Filipina (Diperluas)

Kebebasan Kwame – Kumasi, Ghana

Di usia 31 tahun, Kwame adalah seorang wirausahawan

yang sedang naik daun, tetapi stres menjadi siksaan rahasianya. Ia melewatkan makan, hidup hanya dengan kopi, dan kelelahan. Tak lama kemudian, tukak lambung merobek perutnya, membuatnya terkulai kesakitan. Setelah semalaman menangis, ia berseru kepada Tuhan dan dituntun untuk berpuasa—bukan karena makanan, melainkan karena stres. Seorang nabi di gerejanya memberinya obat sederhana: teh kulit pisang raja. Kwame mengawali setiap harinya dengan teh itu, membaca Mazmur 30:2:
"Tuhan, Allahku, aku berseru kepada-Mu, dan Engkau menyembuhkan aku."
Dalam dua minggu, rasa terbakar itu mereda. Ia kini mengelola kafe kebugaran dan membimbing para wirausahawan muda untuk **"bekerja keras tetapi tetap tenang dalam Tuhan."**

Mukjizat Maria – Cebu, Filipina
Maria, seorang ibu dari empat anak, hidup dengan antasida dan rasa takut. Dokternya memperingatkan bahwa tukak lambungnya dapat menyebabkan pendarahan internal. Kemudian, ia bergabung dengan kelompok Zoom perempuan Kristen yang berfokus pada penyembuhan alami. Ia belajar tentang jus kubis dan mulai meminumnya sambil membaca ayat-ayat penyembuhan setiap hari. Suatu malam saat beribadah, ia merasakan panas menjalar di perutnya. "Saya langsung tahu—saya sembuh," serunya. Sebulan kemudian, hasil endoskopinya tidak menunjukkan adanya tukak lambung. Kini ia bersaksi dengan berani:
"Tuhan mengubah rasa sakitku menjadi kekuatan—dan menyembuhkanku melalui apa yang ada di kulkasku!"

Doa untuk Kesembuhan

Bapa Surgawi,
Engkaulah Roti Kehidupan dan Air Hidup. Ucapkanlah damai sejahtera pada ususku. Biarlah setiap tukak lambung sembuh, setiap asam lambung mereda, dan setiap lapisan tubuh dibangun kembali. Sembuhkan apa yang telah dirusak oleh kekhawatiran. Pulihkan apa yang telah dicuri oleh stres. Biarlah batinku dibanjiri dengan ketenangan-Mu. Aku percaya sistem pencernaanku diberkati, seimbang, dan utuh. Dalam nama Yesus, Amin.

Deklarasi Penyembuhan Harian

Perutku kuat, pencernaanku tenang, dan jiwaku tenang. Tuhan telah menyembuhkanku luar dalam. Setiap bisul mengering, dan peradangan meninggalkan tubuhku. Aku makan dengan sukacita, aku mencerna dengan tenang, aku hidup tanpa rasa takut. Oleh bilur-bilur Yesus, aku disembuhkan. Amin!

Titik Aksi

- Seduh dan minum teh kulit pisang atau jus kubis hari ini.
- Hindari makanan asam atau makanan olahan—berlatihlah makan dengan lembut.
- Luangkan waktu 10 menit untuk bersyukur sebelum makan guna mengurangi stres dan mempercepat penyembuhan.

Jurnal Prompt

- Apa yang dikatakan perutku namun belum didengar oleh jiwaku?

- Apakah ada sesuatu yang perlu saya lepaskan secara emosional agar dapat disembuhkan secara fisik?

Pertanyaan Diskusi Kelompok Penyembuhan

1. Pernahkah Anda mengalami masalah perut selama musim stres?
2. Gaya hidup atau perubahan emosi apa yang membantu pencernaan Anda membaik?
3. Bagaimana Anda dapat menggunakan makanan, doa, dan kedamaian sebagai alat penyembuhan bersama?

Momen Refleksi

Letakkan tanganmu di atas perutmu dan tarik napas dalam-dalam.
Sekarang berdoalah:
"Roh Kudus, sampaikanlah damai sejahtera ke dalam batinku."
Nyatakanlah dengan berani:
"Ususku telah sembuh. Hatiku tenang. Kesembuhanku telah datang."

Hari ke-5 – Penyembuhan dari Depresi & Kelelahan Emosional

"Dia memulihkan jiwaku… karena jiwamu penting bagi kesembuhanmu."

Ayat Fokus
"Mengapa engkau tertekan, hai jiwaku? Taruhlah harapanmu kepada Allah, sebab aku masih akan memuji Dia, Juruselamatku dan Allahku." — Mazmur 42:11 (NIV)

Tantangan Kesehatan Global
Lebih dari **300 juta orang di seluruh dunia** menderita depresi, kecemasan, atau kelelahan emosional. Hal ini merupakan penyebab utama disabilitas di seluruh dunia. Bagi orang beriman, hal ini seringkali menimbulkan rasa bersalah — "Mengapa saya tidak bisa berdoa saja untuk menghilangkannya?" Namun, depresi bukanlah kelemahan — melainkan sebuah sinyal. Sebuah undangan suci untuk penyembuhan, istirahat, dan pembaruan.

Ramuan Penyembuhan dari Alam: St. John's Wort *(Hypericum perforatum)* + Ashwagandha *(Withania somnifera)* + Lavender *(Lavandula angustifolia)*

Formula Herbal #1 – Teh atau Tingtur St. John's Wort *(Hypericum perforatum)*

- **Apa yang Anda Butuhkan:** 1–2 sdt herba kering atau satu tetes tingtur
- **Cara Penggunaan:**

    - Seduh dalam 1 cangkir air panas selama 10 menit dan minum **sekali atau dua kali sehari** .
    - Atau, minumlah **1 tetes tingtur** dalam air sekali sehari.
- **Peringatan:** Hindari penggunaan antidepresan atau jika sensitif terhadap sinar matahari. Konsultasikan dengan herbalis atau dokter yang berkualifikasi.

Formula Herbal #2 – Teh Akar Ashwagandha *(Withania somnifera)*

- **Apa yang Anda Butuhkan:** 1 sdt bubuk ashwagandha
- **Cara Pakai:** Rebus dalam susu atau air selama 10 menit. Minum sekali sehari, sebaiknya sebelum tidur.
- Memulihkan kesehatan adrenal, menyeimbangkan kortisol, menenangkan saraf.

Bonus – Difusi Minyak Lavender atau Mandi *(Lavandula angustifolia)*

- Tambahkan **5–10 tetes** dalam bak mandi air hangat atau diffuser untuk mengurangi kecemasan dan meningkatkan kualitas tidur.

Wawasan Penyembuhan: Jangan Membungkam Tangisan Jiwa

Daud, Elia, Yeremia—bahkan Yesus—merasakan dukacita yang mendalam. Depresi tidak menghalangi Anda dari kasih atau tujuan Tuhan. Malahan, depresi justru dapat membuat Anda **layak** mengalami penyembuhan-Nya pada tingkat yang lebih dalam. Jiwa, seperti tubuh, dapat berdarah. Namun, Allah adalah Pemulih jiwa (Mazmur 23:3). Dia menyembuhkan apa yang tak terlihat oleh orang lain.

Kisah Nyata – Inggris & Brasil (Diperluas)

Kebangkitan James – Manchester, Inggris.

James, seorang pemimpin pujian berusia 39 tahun, dikenal karena mengangkat orang lain dalam sukacita—tetapi ia sendiri sedang terpuruk. Depresi yang tersembunyi muncul setelah kepergian istrinya, dan ia menutupinya dengan pelayanan. Suatu hari ia ambruk, baik secara fisik maupun emosional, dan mengaku, *"Saya tidak ingin mati—tetapi saya tidak tahu bagaimana caranya hidup."*

Pendetanya menyarankan St. John's Wort dan merujuknya ke terapis Kristen. James mulai menulis mazmur, minum teh herbal, dan menghirup aroma lavender sebelum tidur. Perlahan, kabut itu menghilang.

"Tuhan tidak mempermalukan saya—Dia duduk bersama saya," James berbagi kemudian.

Kini, ia memimpin sebuah kelompok pendukung bagi para pria yang berjuang melawan kelelahan emosional.

Cahaya Luiza – São Paulo, Brasil

Luiza, 22 tahun, menderita trauma diam-diam akibat pelecehan di masa kecil. Depresi mengikutinya bagai bayang-bayang. Suatu malam, ia membaca Yesaya 61:3:

"Pakaian pujian bagi roh yang berat."

Ia menangis hingga tertidur sambil memegang ayat itu. Keesokan harinya, seorang teman memberinya jurnal Alkitab beraroma lavender dan mengundangnya ke retret penyembuhan. Di sana, ia belajar berdoa, beribadah, dan menggunakan akar ashwagandha untuk menenangkan kecemasannya.

Luiza kini mengelola sebuah blog berjudul *"Praised from the Ashes"*, membantu para penyintas bangkit dari trauma menuju kemenangan.

Doa untuk Kesembuhan

Bapa,

Engkau melihat air mata yang tak seorang pun lihat, dan Engkau memahami kepedihan jiwaku. Aku menyerahkan bebanku. Aku melepaskan tekanan untuk menjadi "baik-baik saja." Pulihkan sukacita di mana duka lara telah lama bersemayam. Penuhi hatiku dengan kehadiran-Mu dan pikiranku dengan kedamaian-Mu. Biarkan terang menerangi tempat-tempat yang gelap. Aku menerima kesembuhan emosional sekarang. Dalam nama Yesus, Amin.

Deklarasi Penyembuhan Harian

Pikiranku tenang. Hatiku utuh.

Aku menolak kebohongan bahwa aku harus hidup dalam keputusasaan. Sukacita Tuhan kembali ke jiwaku. Aku memiliki kedamaian. Aku memiliki harapan. Aku memiliki kesembuhan. Di dalam Kristus, aku bangkit kembali. Amin!

Titik Aksi

- Seduh teh St. John's Wort atau Ashwagandha dan minumlah sambil berdoa.
- Tuliskan 3 emosi yang Anda rasakan—dan sampaikan di kaki Yesus dalam doa.
- Dengarkan satu lagu penyembahan yang membangkitkan semangat hari ini dan bernyanyilah bersama dengan iman.

Jurnal Prompt

- Rasa sakit atau emosi apa yang selama ini saya sembunyikan dari Tuhan dan orang lain?
- Seperti apa penyembuhan secara emosional—bukan hanya secara fisik?

Pertanyaan Diskusi Kelompok Penyembuhan

1. Mengapa kita terkadang merasa malu dengan rasa sakit emosional—bahkan di gereja?
2. Bagaimana orang beriman dapat memberikan dukungan yang lebih baik kepada mereka yang mengalami depresi atau kelelahan?
3. Ayat Alkitab atau lagu penyembahan apa yang membawa terang bagi jiwa Anda selama masa-masa sulit?

Momen Refleksi

Duduklah dalam diam selama 3 menit.
Letakkan tangan Anda di dada dan tarik napas dalam-dalam. Sekarang bisikkan dengan keras:
"Yesus, pulihkan jiwaku. Aku tidak sendirian. Aku sedang disembuhkan."

Hari ke-6 – Penyembuhan Mata: Rabun Jauh & Rabun Dekat

"Matamu diciptakan untuk melihat dengan jelas — dalam hal alami dan dalam Roh."

Ayat Fokus
"Maka terbukalah mata mereka dan mereka pun mengenali Dia..." — Lukas 24:31 (NIV)

Tantangan Kesehatan Global
Lebih dari **2,2 miliar orang** di dunia mengalami gangguan penglihatan atau kebutaan, dengan kelainan refraksi yang tidak terkoreksi (seperti miopia dan hiperopia) menjadi yang paling umum. Namun, Tuhan, yang menciptakan mata untuk melihat, masih membuka penglihatan fisik dan spiritual hingga saat ini. Penyembuhan dimulai ketika kita percaya bahwa kita tidak ditakdirkan untuk masa depan yang suram.

Ramuan Penyembuhan dari Ciptaan: Eyebright *(Euphrasia officinalis)* + Wortel *(Daucus carota)* + Biji Adas *(Foeniculum vulgare)* + Amla *(Phyllanthus emblica)*

Formula Herbal #1 – Pembersih Mata
Eyebright *(Euphrasia officinalis)*

- **Apa yang Anda Butuhkan:** 1 sdt ramuan eyebright kering
- **Cara Penggunaan:**
    - Rebus dalam 1 gelas air selama 10 menit, saring hingga benar-benar dingin.

- Gunakan sebagai pencuci mata atau rendam kapas bersih dan tempelkan pada kelopak mata yang tertutup **selama 10–15 menit** , dua kali sehari.
- Mengurangi ketegangan mata, kekeringan, dan peradangan.

Formula Herbal #2 – Campuran Jus Amla-Wortel *(Phyllanthus emblica + Daucus carota)*

- **Apa yang Anda Butuhkan:**
  - 1 cangkir jus wortel segar
  - 2 sdt bubuk amla (gooseberry India) atau ½ cangkir jus segar
- **Cara Pakai:** Campur dan minum **1 gelas setiap hari** saat perut kosong.
  - Kaya akan vitamin A dan antioksidan yang meningkatkan kejernihan penglihatan.

Formula Herbal #3 – Teh Biji Adas *(Foeniculum vulgare)*

- Rebus 1 sdt biji adas dalam 1 gelas air selama 10 menit. Saring dan minum setiap hari untuk meningkatkan penglihatan seiring waktu.

Berhati-hatilah saat mengaplikasikan langsung ke mata. Selalu pastikan sediaan steril. Segera cari pertolongan jika terjadi iritasi.

Wawasan Penyembuhan: Apa yang Menjadi Fokus Anda?

Rabun jauh bukan sekadar kondisi fisik. Banyak orang hanya melihat "saat ini"—ketakutan, masalah, atau tekanan mereka. Rabun jauh sering kali berarti melihat masa depan yang jauh tetapi melewatkan apa yang terjadi saat ini. Namun, Tuhan menyembuhkan keduanya—untuk menjadikan kita **berpandangan jernih, seimbang, dan sadar** . Yesus sering menyembuhkan mata yang buta untuk menunjukkan kebenaran yang lebih dalam: *Dia juga memulihkan penglihatan bagi jiwa.*

Kisah Nyata – Nigeria & Kanada (Diperluas)

Kesaksian Tolu – Lagos, Nigeria.

Tolu, seorang siswi berusia 17 tahun, berjuang melawan penglihatan kabur dan kesulitan membaca di papan tulis. Orang tuanya tidak mampu membeli kacamata resep. Neneknya, seorang herbalis Kristen tradisional, memberinya jus amla-wortel setiap pagi dan teh adas di malam hari sambil berdoa di atas matanya.

Dia juga memimpin Tolu dalam mendeklarasikan Mazmur 119:18 setiap hari:

"Bukalah mataku, supaya aku melihat keajaiban-keajaiban dari Taurat-Mu."

Dalam satu bulan, penglihatannya membaik sehingga ia dapat membaca dengan jelas dan mengikuti pelajaran. Kepala sekolahnya bersaksi, "Gadis ini sekarang bersinar—baik secara rohani maupun fisik."

Kebangkitan Adele – Toronto, Kanada

Adele, 58 tahun, didiagnosis menderita degenerasi makula stadium awal. Ia panik. Namun, saat ibadah profetik, seseorang menumpangkan tangan ke atasnya dan berkata, *"Tuhan memberimu mata elang lagi."*

Ia mulai menggunakan kompres eyebright, minum jus amla, dan menghafal ayat-ayat suci tentang cahaya dan penglihatan. Favoritnya adalah 2 Raja-raja 6:17:

"Tuhan, bukalah matanya, supaya dia dapat melihat."

Tiga bulan kemudian, dokter mata yang menanganinya terkejut: tidak ada degenerasi lebih lanjut. Adele berbisik, "Saya tidak hanya melihat lebih baik. Saya melihat dengan cara yang berbeda."

Doa untuk Kesembuhan

Tuhan Yesus,

Engkau membuka mata yang buta dengan lumpur dan mukjizat. Sentuhlah mataku sekarang—setiap sel, setiap saraf, setiap lapisan. Pulihkan penglihatan fisikku dan pertajam persepsi rohaniku. Aku menolak berjalan dalam kegelapan atau kabur. Aku akan melihat dengan jelas. Tunjukkan padaku apa yang Engkau lihat. Jadikanlah aku saksi kesembuhan. Dalam nama-Mu aku berdoa, Amin.

Deklarasi Penyembuhan Harian

Mataku diberkati.

Aku melihat dengan jelas—sekarang dan di masa depan. Setiap kabut terangkat, setiap keburaman menghilang. Aku berjalan dalam terang, bukan kebingungan. Tuhan memulihkan penglihatanku—dalam dan luar. Amin!

Titik Aksi

- Minumlah segelas jus wortel-amla yang segar hari ini.
- Siapkan dan gunakan kompres eyebright saat menyatakan penyembuhan.
- Letakkan tangan di atas matamu dan ucapkan pemulihan atas matamu dalam doa.

Jurnal Prompt

- Apa yang selama ini tidak saya sadari—secara spiritual, emosional, atau fisik?
- Apa yang saya yakini sebagai hal yang Tuhan ingin saya mulai lihat dengan jelas?

Pertanyaan Diskusi Kelompok Penyembuhan

1. Bagaimana buruknya penglihatan fisik dan spiritual memengaruhi keputusan Anda?
2. Apa artinya melihat dengan iman dan bukan dengan ketakutan?
3. Bagikan momen ketika Tuhan membuka "mata" Anda terhadap sesuatu yang baru.

Momen Refleksi

Tutup mata Anda dengan lembut. Tarik napas dalam-dalam.

Letakkan tangan Anda di atas mata Anda dan berdoa:

"Tuhan, bukalah mataku untuk melihat apa yang Engkau lakukan dalam diriku."

Sekarang, bukalah matamu perlahan dan ucapkan dengan lantang:

"Aku melihat dengan iman. Aku melihat dengan jelas. Aku melihat dengan kuasa."

Hari ke-7 – Penyembuhan dari Asma & Kondisi Pernapasan

"Napas Yang Mahakuasa memberiku kehidupan kembali."

Ayat Fokus
"Roh Allah telah menjadikan aku, dan nafas Yang Mahakuasa memberi aku hidup." — Ayub 33:4 (TB)

Tantangan Kesehatan Global
Asma dan penyakit pernapasan kronis memengaruhi lebih dari **339 juta orang di seluruh dunia** , dengan jutaan orang kesulitan bernapas saat stres, polusi, atau reaksi alergi. Napas adalah kehidupan—dan ketika ia diserang, begitu pula kedamaian Anda. Namun Tuhan masih bernapas ke dalam tulang-tulang kering. Paru-paru dapat hidup kembali.

Ramuan Penyembuhan dari Ciptaan: Mullein *(Verbascum thapsus)* + Eucalyptus *(Eucalyptus globulus)* + Timi *(Thymus vulgaris)* + Jahe *(Zingiber officinale)*
Formula Herbal #1 – Teh Paru Mullein & Timi

- **Apa yang Anda Butuhkan:**
  - 1 sdt daun mullein *(Verbascum thapsus)*
  - 1 sdt timi kering *(Thymus vulgaris)*
- **Cara Penggunaan:** Seduh dalam 1 cangkir air mendidih selama 10 menit. Saring melalui saringan halus (mullein memiliki bulu-bulu halus).
- Minum **dua kali sehari** untuk mengurangi peradangan, membuka saluran napas, dan meredakan batuk.

Formula Herbal #2 – Inhalasi Uap Eucalyptus *(Kayu putih globulus)*

- **Apa yang Anda Butuhkan:** 5–10 tetes minyak kayu putih dalam air panas
- **Cara Pakai:** Hirup uap di bawah handuk selama 5-7 menit sekali sehari. Membersihkan lendir, membuka saluran bronkial.

Formula Herbal #3 – Sirup Jahe Madu *(Zingiber officinale)*

- Parut jahe sepanjang 2,5 cm ke dalam 1/2 gelas air. Rebus selama 5 menit.
- Tambahkan 1 sdm madu mentah dan minum **1 sdt 2–3 kali sehari** untuk melegakan saluran pernapasan.

Jangan gunakan minyak kayu putih untuk diminum. Selalu periksa alergi. Hindari thyme selama kehamilan.

Wawasan Penyembuhan: Nafas adalah Ibadah

Ketika Tuhan menciptakan manusia, Dia menghembuskan napas ke dalam dirinya—dan ia menjadi hidup. Napas yang sama itu masih mengalir. Ketika musuh menyerang napasmu, ia sedang menyerang pujianmu . Asma mungkin membatasi paru-parumu, tetapi tidak dapat membungkam ibadahmu kecuali kau membiarkannya. Ketika kau menarik napas dengan iman dan mengembuskannya dalam ibadah, surga akan merespons.

Kisah Nyata – Mesir & Selandia Baru (Diperluas)

Napas Kareem Kembali – Kairo, Mesir.

Kareem, 11 tahun, menderita asma sejak usia 4 tahun. Ibunya selalu khawatir setiap hari berdebu atau malam yang dingin. Obat-obatan memang membantu, tetapi tidak pernah sepenuhnya. Suatu hari di sekolah Minggu, gurunya

mengajar tentang napas Tuhan dan memberikan Mazmur 150:6 kepada anak-anak:
"Biarlah segala yang bernafas memuji Tuhan."
Malam itu, Kareem bertanya, "Bolehkah aku bernapas dan memuji di saat yang bersamaan?" Orang tuanya memperkenalkannya pada teh mullein-timi dan sirup jahe. Mereka juga mendoakannya setiap hari.
Dalam tiga minggu, ia tidak mengalami serangan lagi. Setelah enam bulan, ia tidak lagi menggunakan inhaler. Kini, Kareem telah menjadi pemimpin pujian remaja—napasnya kini menjadi pelayanannya.

Penyembuhan Hannah – Auckland, Selandia Baru
Hannah, 32 tahun, seorang penyanyi profesional, menderita bronkitis berulang dan mengi kronis. Dokter memperingatkan bahwa ia mungkin kehilangan kemampuan vokalnya. Suatu hari saat renungannya, ia membaca Ayub 33:4 dan menangis:
"Tuhan, berikanlah kehidupan kembali ke paru-paruku."
Ia mulai menghirup eukaliptus dan minum teh herbal setiap hari. Namun lebih dari itu—ia mengubah waktu doanya menjadi "penyembahan pernapasan", bernyanyi dalam bahasa roh dengan lembut sambil bernapas dalam-dalam. Dalam 2 bulan, paru-parunya bersih. Kini, ia memimpin ibadah di seluruh Selandia Baru dan berkata, *"Roh Kudus adalah oksigenku sekarang."*

Doa untuk Kesembuhan
Hembuskanlah aku, Napas Tuhan.
Pulihkan paru-paruku, perbarui pujianku. Bersihkan setiap jalan yang terhalang oleh rasa takut, infeksi, atau peradangan. Biarkan angin-Mu berhembus kembali melalui diriku—segar, bebas, dan kuat. Biarkan setiap sel menerima

oksigen ilahi. Kunyatakan, aku akan bernapas dalam-dalam, tertawa bebas, dan memuji dengan lantang. Dalam nama Yesus, Amin.

Deklarasi Penyembuhan Harian

Aku bernapas lega.
Paru-paruku terisi napas Tuhan.
Asma, batuk, dan bronkitis tak lagi berkuasa atasku.
Napasku untuk pujian. Saluran napasku terbuka.
Kedamaianku mengalir. Aku hidup, aku bernapas, aku memuji. Amin!

Titik Aksi

- Seduh teh mullein-thyme atau sirup jahe hari ini dan ucapkan kehidupan pada paru-paru Anda.
- Lakukan pernapasan dalam dan lambat selama 5 menit sambil mengulangi Ayub 33:4.
- Hiruplah uap kayu putih sambil bersyukur kepada Tuhan untuk setiap tarikan napas.

Jurnal Prompt

- Emosi apa yang terkait dengan pola pernapasan Anda—takut, marah, gelisah?
- Dengan cara apa Anda dapat mengundang Roh Kudus untuk menghembuskan kehidupan ke dalam rutinitas harian Anda?

Pertanyaan Diskusi Kelompok Penyembuhan

1. Bagaimana pernapasan memengaruhi kehidupan rohani dan kondisi fisik Anda?
2. Apa cara praktis untuk menggabungkan ibadah dan kesehatan dalam kehidupan sehari-hari Anda?

3. Bagikan momen saat Anda merasakan napas Tuhan—secara harfiah atau rohani—membawa pembaruan.

Momen Refleksi

Duduklah dengan tenang. Letakkan tangan Anda dengan lembut di dada.

Tarik napas dalam-dalam. Buang napas perlahan. Ulangi ini 3 kali. Sekarang nyatakan dengan lantang:

"Roh Allah telah menciptakan aku. Napas Yang Mahakuasa memberiku hidup."

Hari ke-8 – Penyembuhan dari Insomnia & Gangguan Tidur

"Kamu diciptakan untuk beristirahat. Tidur adalah anugerah suci, bukan mimpi yang dicuri."

Ayat Fokus

"Dengan tenteram aku akan berbaring dan tidur, sebab hanya Engkaulah, ya Tuhan, yang membiarkan aku diam dengan aman." — Mazmur 4:8 (NIV)

Tantangan Kesehatan Global

Lebih dari **1 dari 3 orang dewasa di seluruh dunia** berjuang melawan insomnia atau kurang tidur. Insomnia memengaruhi segalanya: sistem kekebalan tubuh, hormon, emosi, produktivitas, dan kewaspadaan rohani. Namun, Tuhan yang tidak pernah tidur maupun terlelap menciptakan istirahat sebagai ritme kehidupan. Tidur yang menyembuhkan bukanlah kelemahan—melainkan ibadah.

Ramuan Penyembuhan dari Ciptaan: Akar Valerian *(Valeriana officinalis)* + Kamomil *(Matricaria chamomilla)* + Kulit Pisang *(Musa paradisiaca)* + Pala *(Myristica fragrans)*

Formula Herbal #1 – Teh Tidur Valerian-Chamomile

- **Apa yang Anda Butuhkan:**
  - 1 sdt akar valerian kering *(Valeriana officinalis)*
  - 1 sdt bunga chamomile kering *(Matricaria chamomilla)*
- **Cara Pakai:** Seduh dalam air panas selama 10–15 menit. Minum **30 menit sebelum tidur** .

- Meningkatkan tidur nyenyak dan menyegarkan dengan merelaksasikan sistem saraf.

Formula Herbal #2 – Air Tidur Kulit Pisang *(Musa paradisiaca)*

- **Apa yang Anda Butuhkan:** Kulit 1 buah pisang matang (dicuci)
- **Cara penyajian:** Rebus dalam 2 gelas air selama 10 menit. Minum **1 gelas sebelum tidur** .
- Kaya magnesium dan kalium — membantu mengatur melatonin secara alami.

Tips Bonus – Susu Pala *(Myristica fragrans)*

- Tambahkan sejumput pala parut segar ke dalam susu nabati atau susu sapi hangat. Minum sebelum tidur.

Jangan terlalu sering menggunakan valerian atau pala. Gunakan secukupnya. Konsultasikan dengan dokter jika sedang mengonsumsi obat penenang.

Wawasan Penyembuhan: Istirahat adalah Perlawanan

Di dunia yang gelisah, istirahat adalah peperangan. Tidur bukan hanya fisik—melainkan profetik. Tuhan memberikan **mimpi, kesembuhan, dan pemulihan** di malam hari. Insomnia sering kali bermula dari kecemasan, trauma yang belum terselesaikan, atau keresahan spiritual. Namun, Sang Raja Damai masih berjalan di tengah malam yang penuh badai dan berbisik, *"Damai, tenanglah."*

Kisah Nyata – India & AS (Diperluas)

Priya's Peace – Bangalore, India

Priya, seorang insinyur TI berusia 29 tahun, tidak tidur nyenyak selama lebih dari setahun. Pikirannya dipenuhi pekerjaan, kekhawatiran, dan kesedihan yang mendalam.

Pendetanya memberinya Mazmur 127:2 dan memperkenalkannya pada teh kulit pisang.
Dia berkomitmen pada "rutinitas perdamaian" selama 7 hari:

- Teh herbal
- Jurnal 10 menit
- Meditasi Kitab Suci sebelum tidur
- Memainkan ibadah instrumental yang lembut

Pada malam keempat, ia tidur 7 jam tanpa henti—sesuatu yang belum pernah ia lakukan selama berbulan-bulan. Kini ia memimpin podcast renungan tentang tidur untuk para wanita pekerja.

Kebangkitan Mimpi James – Houston, Texas
James, 43, menderita teror malam setelah dinas militer. Ia takut tidur, mengalami tekanan darah tinggi, dan menjauh dari Tuhan. Seorang konselor Kristen memperkenalkannya pada teh valerian-kamomil, doa pengampunan, dan visualisasi ayat suci di malam hari.
Suatu malam, dia bermimpi Yesus memeluknya dan berkata:
"Sekarang aman. Tidurlah."
Malam itu mengubah segalanya. Ia kini mengajarkan sesama veteran cara mendapatkan kembali istirahat penyembuhan dan berkata:
"Tuhan tidak hanya memberiku tidur. Dia mengembalikan kepercayaanku."

Doa untuk Kesembuhan
Bapa segala Cahaya,
Engkau menciptakan malam untuk memperbarui, bukan untuk menyiksa. Redamkan suara ketakutan dan tenangkan pikiranku yang gelisah. Biarlah kedamaian menyelimutiku

bagaikan selimut, dan Roh-Mu menjaga mimpi-mimpiku. Malam ini, aku menerima kesembuhan melalui istirahat. Aku akan berbaring dengan aman dan bangkit dengan kekuatan. Dalam nama Yesus, Amin.

Deklarasi Penyembuhan Harian

Tidurku suci, menyembuhkan, dan damai.
Aku menerima istirahat ilahi tanpa rasa takut atau gangguan. Pikiranku tenang. Tubuhku rileks. Para malaikat menjagaku. Tuhan bersamaku. Malam ini, aku akan tidur. Amin!

Titik Aksi

- Seduh teh valerian-kamomil atau kulit pisang dan minum 30 menit sebelum tidur.
- Tetapkan rutinitas 10 menit tanpa layar dan tanpa stres untuk menenangkan diri.
- Bacakan Mazmur 4:8 dengan suara keras sambil berbaring di tempat tidur.

Jurnal Prompt

- Pikiran atau emosi apa yang membuat Anda terjaga di malam hari?
- Seperti apa wujud kedamaian bagi Anda sebelum tidur?

Pertanyaan Diskusi Kelompok Penyembuhan

1. Bagaimana kurang tidur memengaruhi kehidupan fisik dan spiritual Anda?
2. Kebiasaan atau keyakinan apa yang telah membantu Anda mendapatkan kembali istirahat yang damai?

3. Ayat Alkitab apa yang mendatangkan kedamaian bagi Anda di malam hari?

Momen Refleksi

Redupkan lampu Anda. Tarik napas dalam-dalam. Letakkan tangan Anda di dada dan ucapkan dengan lantang:
"Tuhan adalah tempat peristirahatanku. Damai adalah bagianku. Aku akan tidur dengan aman."
Matikan semua gangguanmu malam ini. Biarkan penyembuhan dimulai dalam keheningan.

Hari ke-9 – Penyembuhan Kanker (Semua Jenis)

"Kamu akan hidup dan tidak mati — hukuman mati dibatalkan."

Ayat Fokus

"Aku tidak akan mati, melainkan hidup, dan aku akan menceritakan pekerjaan-pekerjaan Tuhan." — Mazmur 118:17 (TB)

Tantangan Kesehatan Global

Kanker adalah penyebab kematian kedua terbanyak di dunia, dengan hampir **10 juta jiwa melayang setiap tahunnya** . Entah itu kanker payudara, prostat, usus besar, paru-paru, darah, atau kulit — kata itu saja sudah menimbulkan ketakutan. Kanker tidak hanya menyerang tubuh — ia juga menyerang identitas, menghancurkan keluarga, menguras keuangan, dan mematikan harapan. Namun, Yesus masih berjalan ke dalam kubur dan memanggil Lazarus. Ia masih membatalkan hukuman mati dan menulis ulang diagnosis. Hari ini, kita memohon perjanjian penyembuhan untuk setiap sel.

Obat Penyembuhan dari Penciptaan

Graviola (Sirsak – *Annona muricata*)
Kunyit (*Curcuma longa*) + Lada Hitam
Kelor (*Moringa oleifera*)
Minyak Kemenyan (*Boswellia serrata*)

Ramuan 1: Teh Daun Sirsak

- **Apa yang Anda Butuhkan:**
    - 5–7 lembar daun sirsak kering *(Annona muricata)*
    - 2 gelas air

- **Cara Penggunaan:**
    - Rebus selama 10–15 menit. Diamkan, saring, dan minum 1 cangkir **dua kali sehari** .
- **Efek:** Mengandung acetogenins yang terbukti mendukung respons imun dan menghambat pertumbuhan sel abnormal.

Obat 2: Teh Kunyit Anti-Kanker

- **Apa yang Anda Butuhkan:**
    - 1 sdt kunyit *(Curcuma longa)*

- Sejumput lada hitam *(untuk meningkatkan penyerapan)*
    - 1 sdt madu mentah (opsional)
- **Cara Penggunaan:**
    - Rebus dalam 1½ gelas air. Minum **sekali sehari** setelah makan.
- **Efek:** Mengurangi peradangan dan mendukung respons antitumor.

Ramuan 3: Smoothie Bubuk Daun Kelor

- **Apa yang Anda Butuhkan:**
    - 1 sdt bubuk kelor *(Moringa oleifera)*
    - Pisang, air kelapa, dan jus lemon
- **Cara Penggunaan:**
    - Campurkan semuanya dan minum sekali sehari di pagi hari.
- **Khasiat:** Kaya akan antioksidan, mendukung detoksifikasi dan meningkatkan regenerasi sel darah.

Obat ke-4: Minyak Kemenyan (Boswellia serrata)

- **Penggunaan Topikal:** Campurkan beberapa tetes dengan minyak kelapa dan gosok perlahan pada area yang sakit.
- **Penggunaan Aromatik:** Hirup melalui diffuser sambil berdoa atau bermeditasi.
- **Khasiat:** Secara tradisional digunakan untuk mengobati tumor dan peradangan. Mendukung suasana penyembuhan spiritual.

Jangan menggantikan perawatan medis tanpa panduan. Herbal ini melengkapi, bukan bersaing, perawatan profesional.

Wawasan Penyembuhan: Kata-kata Mengalahkan Setiap Laporan
Diagnosis kanker memang badai. Namun Yesus tetap berbicara damai kepada badai. Ada ranah penyembuhan di mana **iman, ketaatan, dan ciptaan alami** bersinggungan. Kita tidak mengabaikan dokter — kita **bermitra dengan Tuhan** dan **memposisikan diri untuk mukjizat** . Penyembuhan datang dalam gelombang: fisik, emosional, spiritual. Hari ini, nyatakan perang terhadap setiap sel yang tidak mencerminkan kemuliaan Tuhan.

Kisah Penyembuhan – Uganda & Amerika Serikat
Kemenangan Rose – Kampala, Uganda.
Pada usia 48 tahun, Rose didiagnosis menderita kanker payudara stadium 2. Ia menjalani operasi, tetapi rasa takut mencekamnya. Seorang perempuan dalam kelompok belajar Alkitabnya membawakannya daun kelor dan sirsak yang bertuliskan Yesaya 53:5 di kantongnya:
"Oleh bilur-bilur-Nya kita disembuhkan."
Ia mulai minum teh, berdoa, dan menulis jurnal deklarasi imannya setiap hari.
Dokternya terkejut ketika tidak ada penyebaran yang terdeteksi 6 bulan kemudian. Kini, ia mengajar para perempuan di rumah sakit cara *"bernapas dalam Yesus dan berbicara tentang kehidupan."*

Terobosan Jacob – Atlanta, AS
Jacob, 32, didiagnosis menderita limfoma. Ia kehilangan semua motivasi dan berjuang melawan depresi berat. Seorang teman yang profetik mengirimkan minyak kemenyan beserta Mazmur 91 melalui pesan suara. Jacob

mulai menyebarkan minyak tersebut setiap pagi, mengurapi dirinya sendiri, dan menyatakan kehidupan. Suatu hari saat beribadah, ia pingsan di bawah kuasa Tuhan — dan hasil pemindaian selanjutnya menunjukkan **kelenjar getah beningnya menyusut** .
Dia mengatakan:
"Iman tidak hanya menyembuhkan saya — tetapi juga membangkitkan saya."

Doa untuk Kesembuhan

Bapa Surgawi,
Engkaulah Kebangkitan dan Hidup. Aku membatalkan setiap perjanjian dengan kanker dan kematian. Berbicaralah ke dalam sel-selku — dan biarkan kehidupan kembali. Biarkan kuasa-Mu membanjiri aliran darah, tulang, jaringan, dan organ-organ tubuhku. Aku lebih percaya kepada Firman-Mu daripada laporan medis mana pun. Aku menerima kelahiran kembali yang ilahi. Dalam nama Yesus, Amin.

Deklarasi Penyembuhan Harian

Kanker tak punya otoritas dalam tubuhku.
Setiap sel yang memberontak mati. Setiap sel yang sehat hidup. Sistem kekebalan tubuhku kuat. Kuasa penyembuhan Tuhan sedang mengalir sekarang. Aku tak akan mati, melainkan hidup. Aku adalah kesaksian pemulihan. Amin!

Titik Aksi

- Mulailah siklus teh penyembuhan 7 hari (kunyit, graviola, kelor).
- Urapi tubuhmu setiap hari dengan kemenyan sambil mengutip Mazmur 91 dengan lantang.

- Kelilingi diri Anda dengan suara-suara yang memberi kehidupan, penyembahan, dan pencelupan Firman.

Jurnal Prompt

- Ketakutan atau pertanyaan apa yang ditimbulkan kanker dalam diri saya?
- Apa yang perjanjian penyembuhan Tuhan katakan lebih lantang daripada diagnosis?

Pertanyaan Diskusi Kelompok Penyembuhan

1. Mengapa kanker memicu begitu banyak ketakutan, dan bagaimana iman dapat menanggapinya?
2. Bagikan bagaimana Anda atau seseorang yang Anda kenal mengalami penyembuhan atau harapan dalam kanker.
3. Apa yang dapat dilakukan Gereja untuk berjalan bersama pasien kanker selain berdoa?

Momen Refleksi

Letakkan tangan Anda di dada atau area yang sakit dan ucapkan dengan lantang:
"Aku perintahkan kehidupan untuk kembali. Tubuhku adalah bait Roh Kudus. Aku tidak akan mati—aku akan menyatakan karya penyembuhan Tuhan."

Hari ke-10 – Penyembuhan dari Infertilitas & Tantangan Reproduksi

"Dia menjadikan perempuan mandul menjadi pengurus rumah tangga, dan menjadi ibu yang penuh sukacita bagi anak-anaknya."
– Mazmur 113:9

Ayat Fokus
"Di tanahmu tidak akan ada yang melahirkan anak atau yang mandul; Aku akan menggenapi jumlah hari-harimu." — Keluaran 23:26 (TB)

Tantangan Kesehatan Global
Diperkirakan **1 dari 6 pasangan** di seluruh dunia mengalami infertilitas. Entah karena ketidakseimbangan hormon, sindrom ovarium polikistik (PCOS), jumlah sperma rendah, fibroid, endometriosis, atau faktor-faktor yang tidak dapat dijelaskan — rasa sakitnya sangat mendalam. Perjuangan kesuburan seringkali berujung pada rasa malu, isolasi, depresi, dan bahkan pernikahan yang renggang.
Namun, Tuhan masih membuka rahim. Dia masih berbicara kepada tempat-tempat yang kering dan memanggil kehidupan. Dari Sarah, Hannah, hingga Elizabeth — kemandulan bukanlah akhir cerita.

Obat Penyembuhan dari Penciptaan
Berry Pohon Suci (Vitex agnus-castus)
Akar Maca (Lepidium meyenii)
Dong Quai (Angelica sinensis)
Biji Labu (Cucurbita pepo)
Paket Minyak Jarak

Obat 1: Teh Vitex (Chasteberry) untuk Keseimbangan Hormon

- **Apa yang Anda Butuhkan:** 1 sdt buah pohon suci kering *(Vitex agnus-castus)*
- **Cara Penggunaan:**
    - Seduh dalam air panas selama 10–15 menit. Minum **sekali sehari** , sebaiknya di pagi hari.
- **Efek:** Membantu mengatur prolaktin, mendukung ovulasi, dan menyeimbangkan kembali hormon.

Ramuan 2: Smoothie Akar Maca (Peningkat Kesuburan)

- **Apa yang Anda Butuhkan:**
    - 1 sdt bubuk maca *(Lepidium meyenii)*
    - Pisang, susu almond, kayu manis
- **Cara Pakai:** Campurkan dan minum **satu kali sehari** , terutama pada pagi hari.
- **Khasiat:** Meningkatkan stamina, libido, kualitas sperma, dan menunjang keseimbangan hormonal.

Obat 3: Dong Quai untuk Kesehatan Rahim

- **Apa yang Anda Butuhkan:** 1 sdt akar Dong Quai kering *(Angelica sinensis)*
- **Cara penyajian:** Rebus dalam air selama 20 menit. Minum 3 kali seminggu.
- **Khasiat:** Dikenal sebagai "ginseng wanita", ia menutrisi rahim, mengatur siklus, dan meredakan kram.

Ramuan 4: Biji Labu + Seng (Kesuburan Pria & Wanita)

- Makan **2 sendok makan biji labu mentah setiap hari** *(Cucurbita pepo)* atau minum **suplemen zinc**
- **Efek:** Mendukung produksi sperma, kualitas sel telur, dan fungsi organ reproduksi.

Obat 5: Kompres Minyak Jarak (Sirkulasi Rahim)

- Rendam kain dalam minyak jarak hangat, tempelkan di perut bagian bawah, tutup dengan plastik pembungkus dan botol berisi air panas. Gunakan **20–30 menit, 3 kali seminggu** , terutama sebelum ovulasi.

Jangan gunakan Dong Quai atau minyak jarak selama menstruasi atau kehamilan. Selalu konsultasikan dengan spesialis kesuburan atau herbalis.

Wawasan Penyembuhan: Tuhan Menyembuhkan Rahim dan Hati

Kemandulan bukan sekadar pergumulan fisik — melainkan badai emosional, spiritual, dan relasional. Tuhan melihat air matamu. Dia mendengar doa tengah malammu. Dan Dia masih memberi dua kali lipat rasa malu. Kesembuhan mungkin datang saat seorang anak lahir, atau mungkin datang melalui warisan lain — tetapi rasa sakit itu tidak sia-sia, dan rahimmu tidak terlupakan. **Dia adalah Allah sumber kesuburan.**

Kisah Penyembuhan – India & Brasil

Keajaiban Anita – Kerala, India
Anita, 36 tahun, telah berjuang melawan PCOS selama 11 tahun. Ia diberi tahu bahwa peluangnya untuk hamil "sangat rendah." Namun setelah sebuah konferensi perempuan, ia mulai menggunakan teh chasteberry, kompres minyak jarak, dan berpuasa setiap minggu dengan Yesaya 54 di bibirnya:
"Bernyanyilah, hai perempuan mandul…"
Dalam waktu enam bulan, siklus menstruasinya kembali normal. Setahun kemudian, ia melahirkan bayi perempuan yang sehat dan menamainya "Promise".

Lucas & Mariana – São Paulo, Brasil.
Lucas memiliki jumlah sperma yang rendah. Dokter mengatakan bahwa IVF adalah satu-satunya harapan mereka. Mariana sangat terpukul. Namun, selama seri penyembuhan di gereja mereka, mereka belajar tentang akar maca dan seng, dan mulai membaca Mazmur 113:9 setiap hari.
Lucas mengubah pola makannya dan mulai mengonsumsi smoothie herbal. Mariana berdoa di atas rahimnya setiap hari. Sepuluh bulan kemudian, ia hamil secara alami. Sekarang menjadi orangtua dari anak laki-laki kembar, mereka bersaksi:
"Allah membuat kita beranak cucu di padang gurun kita."

Doa untuk Kesembuhan
Abba, Bapa,
Engkaulah Pencipta kehidupan. Engkau membuka rahim dan mengisi buaian. Sembuhkan setiap sistem dalam tubuhku yang telah terganggu. Singkirkan fibroid, seimbangkan hormon, perbarui sperma dan sel telur, selaraskan siklusku. Biarkan benih kehidupan menemukan

tanah yang subur di dalam diriku. Biarkan Sabda-Mu mematahkan setiap penundaan dan setiap diagnosis. Jadikan aku berbuah dalam segala hal. Dalam nama Yesus, Amin.

Deklarasi Penyembuhan Harian

Aku subur.

Rahimku diberkati. Tubuhku utuh. Siklus-siklus tubuhku selaras. Hormon-hormonku seimbang. Kehidupan akan bersemi dariku.

Aku akan bersukacita sebagai orang tua yang bersukacita.

Takkan ada lagi kemandulan di negeriku! Amin.

Titik Aksi

- Pilih satu pengobatan dan berkomitmenlah untuk menggunakannya selama 21 hari dengan iman dan doa.
- Urapi perutmu atau alat reproduksimu dengan minyak sambil mengucapkan Mazmur 128:3.
- Kelilingi diri Anda dengan deklarasi kehidupan dan kitab suci kesuburan.

Jurnal Prompt

- Kebohongan atau rasa malu apa yang saya yakini tentang tubuh atau identitas saya?
- Bagaimana aku dapat memperoleh kembali kegembiraanku selagi aku menunggu?

Pertanyaan Diskusi Kelompok Penyembuhan

1. Bagaimana pasangan yang berjuang melawan ketidaksuburan dapat tetap kuat secara spiritual dan terhubung secara emosional?

2. Apa yang Tuhan ajarkan kepada Anda atau seseorang yang Anda kenal melalui perjuangan kesuburan?
3. Bagaimana Gereja dapat mendukung orang-orang yang mengalami penderitaan reproduksi yang tersembunyi?

Momen Refleksi

Letakkan tanganmu di perut atau dadamu dan ucapkan dengan lantang:
"Aku berbuah. Aku terpilih. Tubuhku diberkati. Aku membawa benih warisan dan kehidupan."

Hari ke-11 – Penyembuhan dari Kecemasan & Serangan Panik + sindrom kelelahan kronis (Burnout)

"Damai di tengah badai. Kekuatan untuk perjalanan."

Fokus Kitab Suci

"Engkau akan memelihara dalam damai sejahtera yang sempurna semua orang yang berlindung pada-Mu, semua yang pikirannya tertuju kepada-Mu." — Yesaya 26:3 (NLT)

"Orang-orang yang menanti-nantikan Tuhan akan mendapat kekuatan baru." — Yesaya 40:31 (KJV)

Tantangan Kesehatan Global

Lebih dari **300 juta orang** di seluruh dunia hidup dengan gangguan kecemasan dan panik, sementara **Sindrom Kelelahan Kronis (CFS)** memengaruhi jutaan orang dengan kelelahan ekstrem, pikiran kabur, dan tidur yang tidak nyenyak. Meskipun seringkali tak terlihat, kondisi-kondisi ini menghancurkan motivasi, produktivitas, kegembiraan, dan bahkan kepercayaan diri spiritual. Banyak orang percaya menderita dalam diam, berpikir iman akan "menyelesaikannya seketika." Namun, Tuhan sering kali menyembuhkan **melalui proses** , membangun kembali manusia batiniah sambil menenangkan badai dalam pikiran dan sistem saraf.

Obat Penyembuhan dari Penciptaan

Ashwagandha (*Withania somnifera*) – Penyeimbang Adrenal & Kecemasan

Lemon Balm (*Melissa officinalis*) – Penenang Sistem

Saraf
Kemangi Suci (Tulsi – *Ocimum sanctum*) – Adaptogen Anti-stres
Magnesium + Kompleks B – Energi Seluler & Pemulihan Saraf
Mandi Garam Epsom (Magnesium Sulfat) – Pemulihan Otot & Suasana Hati

Obat 1: Teh atau Kapsul Akar Ashwagandha

- **Apa yang Anda Butuhkan:**
    - Kapsul 500 mg atau 1 sdt akar ashwagandha kering *(Withania somnifera)*
- **Cara Penggunaan:**
    - Minum teh (rebus akar selama 15 menit) atau minum kapsul **sekali sehari, pagi atau malam**
- **Efek:** Mengurangi kortisol, menenangkan saraf, dan memulihkan energi adrenal
  Hindari selama kehamilan.

Obat 2: Teh Lemon Balm

- **Apa yang Anda Butuhkan:**
    - 1 sdt daun lemon balm kering *(Melissa officinalis)*
- **Cara Penggunaan:**
    - Seduh dalam air panas 10–15 menit. Minum **1–2 kali sehari.**
- **Khasiat:** Membantu menenangkan rasa cemas, gelisah, dan ketegangan pencernaan akibat stres

Obat 3: Teh atau Kapsul Kemangi Suci (Tulsi)

- **Apa yang Anda Butuhkan:** Kantong teh tulsi atau 1 sdt daun kering *(Ocimum sanctum)*

- **Cara Penggunaan:**
    - Minum 1 cangkir setiap hari atau minum kapsul di pagi hari
- **Khasiat:** Adaptogen yang ampuh. Menyeimbangkan suasana hati, gula darah, dan stres imun.

Tips Suplemen: Magnesium + Kompleks B

- Magnesium glisinat atau sitrat (200–400 mg/hari)
- B-kompleks untuk perbaikan saraf & energi otak
- **Efek:** Mengisi kembali sistem saraf yang terkuras akibat stres berkepanjangan, panik, atau kelelahan

Praktik Restoratif: Mandi Garam Epsom

- Tambahkan 1–2 cangkir garam Epsom ke air mandi hangat
- Berendam selama **20–30 menit** , 3x/minggu dengan ibadah yang menenangkan atau meditasi kitab suci
- **Efek:** Menyerap melalui kulit untuk merelaksasi otot, mengatur ulang suasana hati, dan mengembalikan kadar magnesium

Wawasan Penyembuhan: Ketika Kedamaian Menjadi Senjata

Kecemasan mengingatkanmu untuk takut akan hal yang tak terduga. Kelelahan memberi tahumu bahwa sudah terlambat untuk pulih. Namun Yesus berdiri di tengah badai dan berkata, **"Damai sejahtera, tenanglah."** Dan segalanya berubah.

Ketika Tuhan memberi damai sejahtera, itu bukan pasif — melainkan **senjata melawan kekacauan.** Dan ketika Dia memperbarui kekuatan, Dia melakukannya seperti rajawali

— dengan angin di bawah sayapmu, bukan beban di punggungmu. Kamu tidak diciptakan untuk runtuh. Kamu diciptakan untuk menang.

Kisah Penyembuhan – Australia & Afrika Selatan

Sophie's Renewal – Perth, Australia

Sophie, 29 tahun, memiliki pekerjaan penuh waktu dan melayani sebagai pemimpin ibadah. Perlahan-lahan, ia mulai mengalami kelelahan yang konstan, kabut otak, jantung berdebar-debar, dan serangan kecemasan. Dokter mendiagnosisnya dengan sindrom kelelahan kronis dan kecemasan umum.

Dia mengambil cuti, mempelajari tentang ashwagandha dan magnesium, dan berkomitmen pada rutinitas minum teh lemon balm, menulis jurnal, dan berjalan kaki selama 15 menit sambil mengutip Yesaya 40:31 dengan lantang.

Dalam 3 bulan, tidurnya kembali normal. Dalam 6 bulan, ia bernyanyi lagi — bukan karena kelelahan, melainkan karena kekuatan.

"Tuhan mengajariku untuk beristirahat, bukan menyerah."

Kesaksian Andile – Johannesburg, Afrika Selatan

Andile, 41, mengalami serangan panik tersembunyi saat berkhotbah. Ia akan membeku saat panggilan altar dan kemudian pingsan saat sendirian. Karena malu, ia tidak memberi tahu siapa pun — sampai seorang teman memperkenalkannya pada kemangi suci, doa napas dalam, dan mengurapi dirinya dengan minyak setiap pagi sebelum pelayanan.

Suatu malam, setelah menghirup aroma lemon balm dan memainkan musik worship yang lembut, dia tidur dengan damai untuk pertama kalinya dalam 2 tahun.

Sekarang, ia memimpin kelompok pendukung *Rest for Ministers* dan berkata:
"Yang perlu disembuhkan bukanlah kelemahan. Melainkan peperangan."

Doa untuk Kesembuhan

Bapa Damai,
Tenangkan badai dalam pikiranku. Putuskan siklus kepanikan, ketakutan, dan kelelahan. Biarkan kedamaian mengalir dalam diriku seperti sungai. Pulihkan kekuatan adrenalku. Gantikan kecemasan dengan kejelasan, dan kelelahan dengan ibadah. Ajari aku untuk menunggu, bukan khawatir. Dalam nama Yesus, Amin.

Deklarasi Penyembuhan Harian

Aku memiliki pikiran Kristus.
Hatiku tenang. Napasku teratur. Aku tidur dengan damai. Aku bangun dengan kekuatan.
Tak ada kepanikan yang akan mengendalikanku. Tak ada kelelahan yang akan menguras tenagaku.
Sukacita Tuhan adalah kekuatanku! Aku terbang tinggi seperti elang—kuat, ringan, dan bebas. Amin.

Titik Aksi

- Pilih satu pengobatan herbal atau suplemen dan berkomitmenlah untuk menjalani ritme penyembuhan selama 7–14 hari.
- Berjalan-jalan sambil berdoa atau mengutip Yesaya 40:31.
- Sebarkan ramuan penenang saat tidur atau saat merenung.

Jurnal Prompt

- Apa saja yang perlu saya katakan "tidak" di masa pemulihan ini?
- Seperti apa **rupa** , bunyi, atau rasa perdamaian bagi saya saat ini?

Pertanyaan Diskusi Kelompok Penyembuhan

1. Apa peran **kecepatan dan istirahat** dalam penyembuhan fisik dan emosional Anda?
2. Bagaimana kita dapat memecah keheningan seputar kecemasan dan kelelahan di Gereja?
3. Perubahan praktis apa yang membantu Anda atau seseorang yang Anda kenal mendapatkan kembali energi?

Momen Refleksi

Tutup matamu. Letakkan tanganmu di dadamu dan bisikkan:

"Tenanglah, tenanglah. Aku aman. Aku utuh. Aku sembuh dalam tubuh, pikiran, dan jiwa."

Hari ke-12 – Penyembuhan Kondisi Kulit (Eksim & Jerawat) + Gangguan Autoimun (Lupus, MS, dll.)

"Biarlah tubuhku diperbarui seperti masa muda burung rajawali."

Fokus Kitab Suci

"Dia menyegarkan jiwaku, Dia menuntunku di jalan yang benar oleh karena nama-Nya." — Mazmur 23:3 (TB)

"Tubuhnya akan lebih segar dari pada tubuh anak-anak, ia akan kembali seperti masa mudanya." — Ayub 33:25 (TB)

Tantangan Kesehatan Global

Kondisi kulit seperti eksim, jerawat, dan psoriasis memengaruhi lebih dari **1,5 miliar orang** di seluruh dunia, memengaruhi harga diri, kepercayaan diri, dan kesejahteraan emosional. **Gangguan autoimun** seperti Lupus, Multiple Sclerosis (MS), dan Hashimoto menyebabkan tubuh menyerang dirinya sendiri — yang seringkali membingungkan dokter dan penderitanya yang menderita nyeri kronis, kelelahan, dan isolasi.

Namun, Tuhan yang sama yang menyembuhkan kusta Naaman masih memulihkan kulit dan memperbarui sistem kekebalan tubuh. Yesus mengulurkan tangan dan menyentuh mereka yang tak tersentuh — dan sentuhan itu masih menyembuhkan hingga kini.

Obat Penyembuhan dari Penciptaan

Daun Nimba (Azadirachta indica) – Antibakteri & Penyembuhan Kulit

Akar Burdock (Arctium lappa) – Pembersih Darah untuk Kulit
Gel Lidah Buaya (Aloe barbadensis) – Menenangkan Kulit & Peradangan
Minyak Jintan Hitam (Nigella sativa) – Modulator Kekebalan
Tubuh Asam Lemak Omega-3 (dari Biji Rami atau Minyak Ikan) – Anti-inflamasi

Obat 1: Pembersih Kulit Daun Nimba (Meringankan Eksim & Jerawat)

- **Apa yang Anda Butuhkan:**
    - 1 genggam daun nimba segar *(Azadirachta indica)*
- **Cara Penggunaan:**
    - Rebus dalam air, biarkan dingin, lalu cuci area yang terkena **dua kali sehari** .
- **Khasiat:** Antibakteri dan antiperadangan alami; mengurangi gatal, kemerahan, dan timbulnya jerawat.

Obat 2: Teh Detoks Akar Burdock

- **Apa yang Anda Butuhkan:**
    - 1 sendok teh akar burdock kering *(Arctium lappa)*
- **Cara Penggunaan:**
    - Rebus dalam air selama 15 menit, saring, dan minum sekali sehari.
- **Efek:** Pembersih darah; mendukung detoksifikasi hati, keseimbangan hormon, dan pembersihan kulit.

Obat 3: Gel Lidah Buaya (Topikal dan Internal)

- **Cara Penggunaan:**
  - Oleskan gel dari daun lidah buaya segar ke kulit dua kali sehari.
  - Minum 1–2 sendok makan (hanya gel bagian dalam) dalam air untuk mengurangi peradangan internal.
- **Khasiat:** Menenangkan, menyembuhkan, dan memperbarui kulit serta lapisan usus.

Obat ke-4: Minyak Jintan Hitam (Reset Kekebalan Tubuh)

- **Cara Penggunaan:**
  - Minum 1 sdt setiap hari dengan madu atau jus *(Nigella sativa)*
  - Oleskan yang sudah diencerkan ke bagian kulit yang meradang.
- **Efek:** Modulator imun, menyeimbangkan respons imun yang terlalu aktif pada penyakit autoimun

Obat ke-5: Omega-3 dari Minyak Biji Rami atau Minyak Ikan

- **Dosis:** 1000–2000 mg setiap hari
- **Efek:** Mengurangi peradangan sistemik, nyeri sendi, dan pemicu autoimunitas

Konsultasikan dengan dokter sebelum memulai rutinitas herbal, terutama untuk gangguan autoimun dengan pengobatan yang ada.

Wawasan Penyembuhan: Keindahan untuk Abu, Pemulihan untuk Kehancuran

Penyakit kulit dapat terlihat di depan umum, sementara pertempuran autoimun seringkali tak terlihat. Keduanya dapat merusak cara kita memandang diri sendiri. Namun Tuhan tidak membenci daging yang tersakiti — Dia menebusnya. **Dia memulihkan cahaya — lahir dan batin.** Di dalam Kristus, tubuhmu bukanlah musuhmu. Sistem kekebalan tubuhmu tidak terkutuk. Kulitmu bukanlah aibmu. Kesembuhan adalah warisanmu.

Kisah Penyembuhan – Jamaika & Kanada

Penyembuhan Dionne – Montego Bay, Jamaika.

Dionne, 34 tahun, telah menderita eksim selama lebih dari 10 tahun. Eksimnya semakin parah karena stres dan rasa malu. Saat berpuasa, temannya memberinya daun nimba dan Mazmur 139:14. Ia mulai mandi dengan teh nimba, menggunakan lidah buaya, dan menulis jurnal rasa syukur setiap hari.

Dalam tiga bulan, lengannya sudah bersih.

"Tuhan tidak hanya menyembuhkan kulitku, tetapi juga cara aku memandang diriku sendiri."

Pemulihan Rebecca – Toronto, Kanada

Rebecca, 28 tahun, didiagnosis menderita Lupus dan diminta untuk bersiap menghadapi kemunduran seumur hidup. Namun, ia percaya pada firman Tuhan. Ia mulai mengonsumsi minyak jintan hitam, smoothie biji rami, dan mulai membaca Ayub 33:25 setiap pagi:

"Masa mudaku telah pulih."

Setelah enam bulan, gejalanya mereda. Energinya kembali.

"Saya menjadi keajaiban berjalan. Saya melihat sistem kekebalan tubuh saya kembali normal."

Doa untuk Kesembuhan

Bapa yang penuh kasih,

sentuhlah kulitku dengan minyak penyembuh-Mu. Redakan peradangan. Bersihkan erupsi. Atur sistem kekebalan tubuhku dan bersihkan darahku. Biarkan kemuliaan-Mu bersinar kembali melalui tubuhku. Pulihkan rasa percaya diri di mana rasa malu pernah ada. Dalam nama Yesus, Amin.

Deklarasi Penyembuhan Harian

Kulitku bercahaya.

Sistem kekebalan tubuhku cerdas dan seimbang. Tuhan memperbarui tubuhku seperti awet muda. Tak ada penyakit yang akan menentukan jati diriku. Aku diciptakan dengan dahsyat dan ajaib. Aku bersinar dengan kesehatan ilahi! Amin.

Titik Aksi

- Pilih satu obat luar (seperti nimba atau lidah buaya) dan satu obat dalam (seperti burdock atau jintan hitam) dan gunakan selama 7 hari.
- Ucapkan Mazmur 139:14 dengan lantang setiap hari di depan cermin.
- Tulislah surat ucapan terima kasih kepada tubuh Anda.

Jurnal Prompt

- Pesan apa yang saya yakini tentang tubuh atau penampilan saya akibat penyakit?
- Apa yang Tuhan katakan tentang bagaimana saya "dibuat secara dahsyat dan ajaib"?

Pertanyaan Diskusi Kelompok Penyembuhan

1. Perjuangan emosional dan sosial apa yang dapat timbul akibat penyakit kulit atau penyakit autoimun yang tidak terlihat?

2. Bagaimana kita dapat lebih mendukung orang-orang yang berjuang melawan kondisi jangka panjang yang disalahpahami?
3. Bagikan saat ketika penyembuhan membawa lebih dari sekadar perubahan fisik — identitas atau tujuan yang dipulihkan.

Momen Refleksi
Letakkan tanganmu di kulit atau jantungmu dan ucapkan: **Tubuhku tidak hancur—ia dikasihi. Aku menerima keindahan sebagai ganti abu dan kesembuhan sebagai ganti rasa malu.**

Hari ke-13 – Penyembuhan Gangguan Pencernaan (IBS & Konstipasi) + Ketidakseimbangan Hormon (PCOS, Dominasi Estrogen)

"Dari perutmu akan mengalir sungai, bukan penyumbatan."

Fokus Kitab Suci
"Saudaraku yang kekasih, aku berdoa, semoga engkau baik-baik dan sehat-sehat saja, sama seperti jiwamu baik-baik saja." — 3 Yohanes 1:2 (TB)
"Hendaklah dari dalam dirimu mengalir sungai-sungai air hidup." — Yohanes 7:38 (TB)

Tantangan Kesehatan Global
Gangguan pencernaan seperti **Sindrom Iritasi Usus Besar (IBS)** dan sembelit kronis memengaruhi lebih dari **15% populasi global** , sementara **ketidakseimbangan**

hormon , terutama **PCOS dan dominasi estrogen** , memengaruhi jutaan wanita di seluruh dunia — yang mengakibatkan penambahan berat badan, ketidaksuburan, perubahan suasana hati, jerawat, dan menstruasi tidak teratur.

Kondisi-kondisi ini seringkali **tidak terdiagnosis** , membuat penderitanya lelah, kembung, malu, dan putus asa secara emosional. Namun, Tuhan menciptakan tubuh Anda dengan ritme ilahi. **Penyembuhan itu mungkin — dari usus hingga kelenjar.**

Obat Penyembuhan dari Penciptaan

Kulit Pohon Elm Licin (Ulmus rubra) – Menenangkan Lapisan Usus

Teh Daun Senna (Cassia angustifolia) – Pencahar Alami

Teh Spearmint (Mentha spicata) – Penyeimbang Hormon PCOS

Biji Rami (Linum usitatissimum) – Pengatur Serat & Estrogen **Makanan Kaya DIM (Brokoli, Kubis)** – Detoksifikasi Estrogen

Obat 1: Teh Elm Licin (Meringankan IBS & Sembelit)

- **Apa yang Anda Butuhkan:** 1 sdt bubuk kulit kayu elm licin *(Ulmus rubra)*
- **Cara Penggunaan:**
    - Campur dengan air hangat hingga menjadi minuman yang lembut. Minum **dua kali sehari** sebelum makan.
- **Khasiat:** Melapisi dan menenangkan usus, meredakan kembung, kram, dan kambuhnya IBS

Obat 2: Teh Senna (Meringankan Sembelit Jangka Pendek)

- **Apa yang Anda Butuhkan:** ½–1 sdt daun senna kering *(Cassia angustifolia)*
- **Cara Penggunaan:**
  - Seduh dalam air panas selama 5–10 menit. Minum hanya **sekali setiap 2–3 hari** , sebelum tidur.
- **Efek:** Merangsang pergerakan usus dengan lembut di pagi hari.

  Jangan digunakan dalam jangka panjang. Dapat menyebabkan ketergantungan.

Obat 3: Teh Spearmint (Pendukung PCOS)

- **Apa yang Anda Butuhkan:** 1 sdt daun spearmint kering *(Mentha spicata)*
- **Cara Penggunaan:**
  - Seduh dalam air panas selama 10–15 menit. Minum **dua kali sehari** .
- **Efek:** Membantu mengatur androgen/testosteron pada wanita dengan PCOS.

Obat 4: Biji Rami Bubuk (Hormon & Pengatur Usus)

- **Cara Penggunaan:**
  - Konsumsi 1–2 sendok makan biji rami yang baru digiling setiap hari dalam air, smoothie, atau makanan
- **Khasiat:** Mengikat kelebihan estrogen, mengatur usus, menyeimbangkan hormon

Bonus: Sayuran Silangan Kaya DIM (Detoksifikasi Estrogen)

- Makan 1–2 cangkir brokoli, kangkung, kubis, atau kembang kol setiap hari
- **Efek:** Mendukung hati dalam membersihkan kelebihan estrogen dan racun

Wawasan Penyembuhan: Anda Diciptakan untuk Mengalir

Konstipasi adalah penyumbatan fisik — tetapi sering kali mencerminkan **stagnasi spiritual** . Kekacauan hormonal dapat dipicu oleh stres internal maupun eksternal. Namun, ketika Tuhan memberikan kesembuhan, Dia tidak hanya meredakan rasa sakit — Dia **juga mengatur ulang ritmenya** . Anda diciptakan untuk siklus aliran, kedamaian, pembersihan, dan pembaruan — bukan kebingungan dan kemacetan.

Kisah Penyembuhan – India & Kenya

Pemulihan Usus Priya – Delhi, India

Priya, 25 tahun, menderita IBS selama 5 tahun. Perutnya kram karena stres, dan sembelit menguasai pagi harinya. Seorang pendeta mengajarinya tentang pohon elm licin dan Mazmur 103:5 —

"Yang memuaskan mulutmu dengan hal-hal yang baik."

Ia mulai mencatat pemicu makanannya, minum teh herbal, dan menyatakan "aliran" di ususnya. Dalam beberapa minggu, tubuhnya mulai membaik.

"Roh Kudus tidak hanya mengajari saya penyembuhan. Dia mengajari saya cara mendengarkan tubuh saya."

Kemenangan Hormon Angela – Nairobi, Kenya

Angela telah berjuang melawan PCOS dan tidak mengalami menstruasi selama 6 bulan. Jerawat, rambut wajah, dan penambahan berat badan menghancurkan kepercayaan dirinya. Sebuah retret gereja memperkenalkannya pada teh spearmint dan biji rami. Namun yang lebih penting, sebuah firman nubuat berkata:

"Kamu tidak rusak — rahimmu sedang terbangun."

Dalam dua siklus, menstruasinya kembali. Kulitnya bersih.

"Penyembuhan terjadi ketika saya berhenti melawan tubuh saya dan mulai bermitra dengan Tuhan."

Doa untuk Kesembuhan

Tuhan Air Hidup,
biarkan segala sesuatu dalam diriku mengalir kembali dengan bebas. Sembuhkan sistem pencernaanku — bersihkan penyumbatan, redakan peradangan. Seimbangkan hormonku. Atur ulang siklus menstruasiku. Pulihkan keteraturan dunia batinku. Jangan ada lagi penundaan — jangan ada lagi kekeringan. Aku melepaskan apa yang harus pergi, dan aku menerima apa yang memberi kehidupan. Dalam nama Yesus, Amin.

Deklarasi Penyembuhan Harian

Tubuhku mengalir dengan kehidupan.
Ususku sembuh. Rahimku pulih. Sembelitku tak ada lagi. Kekacauan hormon tak ada lagi. Sungai-sungai air kehidupan mengalir kembali. Tuhan sedang menyelaraskan sistemku — roh, jiwa, dan tubuh. Aku utuh. Aku mengalir. Aku bebas. Amin!

Titik Aksi

- Pilih **satu ramuan pencernaan dan satu ramuan hormonal** untuk digunakan selama 10 hari.
- Minumlah setidaknya 2 liter air setiap hari.

- Catatlah gejala, tingkat stres, dan kemenangan Anda dalam jurnal.

Jurnal Prompt

- Pola ketegangan, ketakutan, atau rasa malu apa yang memengaruhi pencernaan atau siklus saya?
- Seperti apa kehidupan saya jika saya memberi tubuh saya izin untuk beristirahat, mengalir, dan pulih?

Pertanyaan Diskusi Kelompok Penyembuhan

1. Mengapa banyak orang menderita dalam diam karena masalah pencernaan atau hormonal?
2. Bagaimana gereja dapat membantu menghilangkan rasa malu seputar pergumulan pribadi ini?
3. Apa saja rutinitas diet atau spiritual sederhana yang membantu Anda atau orang lain menemukan penyembuhan?

Momen Refleksi

Letakkan tanganmu di perutmu dan ucapkan:
"Dari perutku akan mengalir sungai-sungai air hidup. Tak ada lagi penyumbatan. Aku adalah bait suci yang seirama dengan rancangan Tuhan."

Hari ke-14 – Penyembuhan Gangguan Tiroid (Hipotiroidisme & Hipertiroidisme) + Ketidakseimbangan Kolesterol & Pencegahan Penyakit Jantung

"Hatiku dan hormonku akan memuji Tuhan."

Fokus Kitab Suci

"Dagingku dan hatiku bisa lenyap, tetapi Allah adalah gunung batuku dan bagianku selama-lamanya." — Mazmur 73:26 (NIV)

"Hati yang gembira adalah obat yang manjur, tetapi semangat yang patah mengeringkan tulang." — Amsal 17:22 (NIV)

Tantangan Kesehatan Global

Gangguan tiroid memengaruhi lebih dari **200 juta orang di seluruh dunia** , terutama wanita — yang menyebabkan kelelahan, perubahan berat badan, kecemasan, kulit kering, depresi, dan infertilitas. **Kolesterol tinggi** dan **penyakit kardiovaskular terkait** merupakan **penyebab kematian nomor 1 di seluruh dunia** , yang bertanggung jawab atas lebih dari **17 juta kematian setiap tahunnya** .

Namun Yesus adalah **Penyembuh sekaligus Pengatur Jantung** . Tuhan tahu cara memperbarui sistem yang lamban dan membungkam sistem yang terlalu aktif. Tubuh Anda dirancang untuk keseimbangan — dan Dia sedang memulihkan rancangan itu sekarang.

Obat Penyembuhan dari Penciptaan

Ashwagandha (*Withania somnifera*) – Mendukung Tiroid yang Kurang Aktif
Lemon Balm (*Melissa officinalis*) – Menenangkan Tiroid yang Terlalu Aktif
Guggul (*Commiphora mukul*) – Menyeimbangkan Tiroid & Menurunkan Kolesterol
Teh Hibiscus (*Hibiscus sabdariffa*) – Menurunkan Tekanan Darah & Kolesterol
Bawang Putih (*Allium sativum*) + Omega-3 – Perlindungan Jantung

Obat 1: Ashwagandha (Dukungan Hipotiroidisme)

- **Apa yang Anda Butuhkan:** kapsul 500 mg atau 1 sdt akar kering *(Withania somnifera)*
- **Cara Penggunaan:**
  - Dikonsumsi setiap hari bersama makanan selama 4–6 minggu
- **Efek:** Mendukung kadar hormon tiroid, meningkatkan suasana hati dan metabolisme
  Hindari pada hipertiroidisme kecuali disarankan oleh dokter spesialis.

Obat 2: Teh Lemon Balm (Penenang Hipertiroidisme)

- **Apa yang Anda Butuhkan:** 1 sdt daun kering *(Melissa officinalis)*
- **Cara Penggunaan:**
  - Seduh dalam air panas 10–15 menit. Minum 1–2 kali sehari.
- **Efek:** Menenangkan jantung berdebar, kecemasan, dan aktivitas tiroid yang berlebihan

Obat 3: Resin Guggul (Penolong Tiroid & Kolesterol)

- **Apa yang Anda Butuhkan:** 250–500 mg ekstrak guggul *(Commiphora mukul)*
- **Cara Penggunaan:**
    - Diminum sekali atau dua kali sehari setelah makan
- **Khasiat:** Meningkatkan fungsi tiroid dan menurunkan LDL (kolesterol jahat)

  Konsultasikan dengan dokter jika mengonsumsi obat tiroid atau jantung lainnya.

Obat ke-4: Tonik Jantung Kembang Sepatu dan Bawang Putih

- **Teh kembang sepatu:** 1–2 cangkir setiap hari *(Hibiscus sabdariffa)*
- **Bawang Putih Mentah:** 1 siung dihancurkan dan didiamkan selama 10 menit, lalu ditelan setiap hari
- **Khasiat:** Menurunkan kolesterol, melancarkan peredaran darah, dan membersihkan pembuluh darah

Bonus: Omega-3 (Biji Rami atau Minyak Ikan)

- Minum 1000–2000 mg setiap hari
- **Khasiat:** Mengurangi peradangan, melindungi jantung, dan menyeimbangkan kadar kolesterol

Wawasan Penyembuhan: Biarkan Hatimu Tetap Tenang

Ketika tiroid tidak sinkron, seluruh tubuh terasa seperti medan perang. Dan ketika jantung kelebihan beban, setiap bagian tubuh akan menderita. Namun, Tuhan menciptakan jantung untuk berdetak seirama dengan surga. Entah itu lamban atau terlalu bersemangat, tersumbat atau tertekan — **kedamaian adalah resepnya** . Penyembuhan bukan hanya tentang hasil lab — ini tentang keselarasan, iman, dan kebiasaan yang penuh rahmat.

Kisah Penyembuhan – Trinidad & Filipina

Pulihnya Jantung Joel – Port of Spain, Trinidad

Joel, 52, menghadapi kolesterol tinggi dan gejala awal penyakit jantung. Dokter meresepkan obat, tetapi komunitas imannya juga menyemangatinya dengan kembang sepatu, bawang putih, dan doa harian dari Mazmur 73. Ia mengubah pola makannya, berjalan kaki 30 menit setiap hari, dan mengucap kehidupan di dalam hatinya.

Setelah 6 bulan, kolesterol turun, dan energi kembali.

"Saya menemukan penyembuhan di setiap langkah — secara harfiah dan spiritual."

Pemulihan Hormon Maria – Cebu, Filipina.

Maria berjuang melawan masalah tiroid yang tak terdiagnosis selama bertahun-tahun — kenaikan berat badan, kelelahan, dan menstruasi yang tidak teratur. Suatu malam doa daring, seseorang menyebutkan "ashwagandha" dan Yesaya 40:31. Ia mulai menggunakannya setiap hari, mencatat deklarasinya dalam jurnal, dan berpuasa gula. Hasil darahnya kembali normal setelah 8 minggu.

"Tuhan mengajariku untuk bersikap baik terhadap tubuhku — dan sabar menjalani prosesnya."

Doa untuk Kesembuhan

Bapa Surgawi,

seimbangkan sistem tubuhku — tiroid, jantung, hormon, dan hormon. Di mana ada aktivitas berlebih, bawalah kedamaian. Di mana ada kelesuan, bawalah api. Bersihkan darahku. Bersihkan pembuluh darahku. Biarkan hatiku dikuatkan dan hormonku diperbarui. Biarkan Roh-Mu menjadi ritme dalam denyut nadiku dan aliran dalam pembuluh darahku. Dalam nama Yesus, Amin.

Deklarasi Penyembuhan Harian

Jantungku kuat.

Tiroidku seimbang. Darahku mengalir sehat. Aku akan panjang umur dan hidup dengan baik. Tak ada lagi kebingungan hormonal. Tak ada lagi tekanan. Aku berjalan dalam ritme ilahi, pulih sepenuhnya. Amin!

Titik Aksi

- Pilih satu ramuan untuk tiroid dan satu ramuan untuk mendukung jantung untuk digunakan selama 10 hari.
- Kurangi gula olahan dan perbanyak konsumsi sayuran berdaun hijau.
- Berdoalah dengan suara keras Mazmur 73:26 saat berolahraga pagi atau berjalan-jalan.

Jurnal Prompt

- "Tekanan" emosional apa yang mungkin memengaruhi tubuh fisik saya?
- Seperti apa gaya hidup yang "seimbang" di musim saya saat ini?

Pertanyaan Diskusi Kelompok Penyembuhan

1. Bagaimana stres spiritual dapat memengaruhi kesehatan tiroid dan jantung?
2. Pernahkah Anda mengalami penyembuhan melalui perubahan gaya hidup kecil?
3. Peran apa yang dapat dimainkan komunitas agama dalam mendorong perawatan diri yang konsisten?

Momen Refleksi
Letakkan tanganmu di atas dadamu dan ucapkan:
Jantungku tenang. Hormonku selaras. Aku sembuh, dan aku berjalan dalam kasih karunia hari ini.

Hari ke-15 – Pemulihan dari Stroke dan Kelumpuhan + Kesehatan Ginjal dan Hati

"Kamu akan bangkit lagi — diperbarui, dipulihkan, dan didetoksifikasi."

Fokus Kitab Suci
"TUHAN menopang mereka di tempat tidur mereka ketika mereka sakit dan memulihkan mereka dari tempat tidur mereka yang sakit." — Mazmur 41:3 (TB)
"Aku akan memulihkan kesehatanmu, dan Aku akan menyembuhkan luka-lukamu, firman TUHAN." — Yeremia 30:17 (TB)
"Bersihkanlah aku dengan hisop, maka aku akan menjadi tahir; basuhlah aku, maka aku akan menjadi lebih putih dari salju." — Mazmur 51:7 (TB)

Tantangan Kesehatan Global
Stroke merupakan salah satu penyebab utama kecacatan jangka panjang di seluruh dunia, yang memengaruhi kemampuan bicara, mobilitas, dan fungsi otak. Lebih dari **15 juta orang** mengalami stroke setiap tahun — banyak di antaranya mengalami kelumpuhan sebagian atau gangguan kognitif.
Sementara itu, **penyakit ginjal dan hati** berkembang secara diam-diam akibat pola makan yang buruk, obat-obatan, konsumsi alkohol, dan racun lingkungan — yang menyebabkan kelelahan, retensi cairan, ketidakseimbangan hormon, dan bahkan kematian jika tidak ditangani.

Namun, Tuhan bukan hanya **Penyembuh luka** , Dia juga **Pemulih fungsi** . Apa yang lumpuh dapat bergerak kembali. Apa yang beracun dapat dibersihkan. Apa yang rusak dapat hidup kembali!

Obat Penyembuhan dari Penciptaan

Kelor (***Moringa oleifera*** **)** – Detoksifikasi Hati & Ginjal
Akar Dandelion (***Taraxacum officinale*** **)** – Dukungan Hati
Bacopa (***Bacopa monnieri*** **)** – Neuro-regenerasi setelah Stroke
Gingko Biloba – Peningkat Sirkulasi
Otak Teh Biji Kembang Sepatu + Seledri – Pembersih Ginjal

Obat 1: Kelor untuk Pembersihan Ginjal/Hati

- **Bahan-bahan:** 1 sdt bubuk daun kelor kering *(Moringa oleifera)*
- **Cara Penggunaan:**
    - Campurkan dalam air atau smoothie setiap hari.
- **Khasiat:** Membantu detoksifikasi hati dan ginjal, menurunkan peradangan, dan memulihkan kesehatan sel

Obat 2: Teh Akar Dandelion (Peningkat Hati)

- **Apa yang Anda Butuhkan:** 1 sdt akar kering *(Taraxacum officinale)*
- **Cara Penggunaan:**
    - Rebus selama 15 menit, saring dan minum 1 kali sehari

- **Khasiat:** Merangsang produksi empedu, membantu regenerasi hati, dan mendukung pencernaan

Obat 3: Bacopa & Gingko untuk Pemulihan Stroke

- **Apa yang Anda Butuhkan:** Kapsul atau teh (lihat petunjuk dosis)
- **Cara Penggunaan:**
  - Asupan harian selama 6–8 minggu dengan konsistensi
- **Efek:** Mendukung memori, perbaikan saraf, dan pemulihan keterampilan motorik pasca stroke *Konsultasikan dengan dokter Anda jika mengonsumsi obat pengencer darah.*

Ramuan ke-4: Teh Kembang Sepatu + Biji Seledri (Mendukung Ginjal)

- **Apa yang Anda Butuhkan:**
  - 1 sdt bunga kembang sepatu *(Hibiscus sabdariffa)*
  - ½ sdt biji seledri *(Apium graveolens)*
- **Cara Penggunaan:**
  - Seduh selama 10 menit dan minum 2–3 kali seminggu
- **Khasiat:** Diuretik alami; membuang kelebihan cairan, menurunkan tekanan darah, melindungi ginjal

Wawasan Penyembuhan: Bangkit Kembali Seperti Pria di Kolam Renang

Yesus menemukan seorang pria yang telah terbaring lumpuh selama 38 tahun. Apa kata-katanya?

"Bangunlah, angkatlah tilammu dan berjalanlah." (Yohanes 5:8)
Tanpa belas kasihan. Tanpa penundaan. Hanya kekuatan.
Penyembuhan stroke bukan hanya tentang gerakan — ini tentang **iman untuk mencoba lagi** .
Penyembuhan ginjal dan hati berarti tidak ada lagi beban berlebih, tidak ada lagi peracunan bait suci Anda.
Kehendak Tuhan adalah **pembersihan total dan pemulihan penuh.**

Kisah Penyembuhan – Nigeria & Korea Selatan
Kesaksian Pendeta Nkem – Enugu, Nigeria
Setelah mengalami stroke ringan saat berpuasa, Pendeta Nkem kehilangan sebagian kendali atas tangan kiri dan kemampuan bicaranya. Ia menolak untuk menyerah. Selain rehabilitasi, istrinya memberinya teh gingko, mengurapi tubuhnya setiap hari, dan memutar ayat-ayat penyembuhan berulang-ulang.
Dalam waktu 4 bulan, bicaranya kembali pulih, dan ia mulai bermain keyboard lagi.
"Tuhan tidak hanya menyembuhkan tanganku — Dia memulihkan pujianku."

Pemulihan Hati Soo-Min – Seoul, Korea Selatan
Didiagnosis dengan gagal hati tahap awal akibat penggunaan obat kronis yang berlebihan, Soo-Min, 38, mulai mengonsumsi smoothie moringa, teh dandelion setiap hari, dan detoksifikasi gula.
Dia memasangkan setiap minuman detoks dengan doa dari Mazmur 51:
"Ciptakanlah hatiku yang bersih, ya Tuhan."
6 bulan kemudian, enzim hatinya kembali normal.

"Penyembuhan bukan hanya melalui herbal — tapi melalui kepatuhan dan pembersihan batin."

Doa untuk Kesembuhan

Tuhan kebangkitan,
bangkitkanlah setiap area lumpuh dalam hidupku — secara fisik, emosional, dan spiritual. Pulihkan mobilitasku. Pulihkan kemampuan bicaraku. Pulihkan apa yang coba dicuri oleh stroke atau trauma. Bersihkan ginjal dan hatiku. Buanglah apa yang ditanam musuh. Pulihkan aku, dari dalam ke luar. Dalam nama Yesus, Amin.

Deklarasi Penyembuhan Harian

Aku akan bangkit dan berjalan lagi.
Sarafku mulai pulih. Otakku mulai terhubung kembali. Ginjalku menyaring kehidupan. Hatiku mengalir dengan pembersihan. Tak ada lagi stagnasi. Tak ada lagi kerusakan. Roh yang sama yang membangkitkan Kristus sedang memulihkanku — sel demi sel. Aku disembuhkan. Aku utuh. Aku bebas! Amin.

Titik Aksi

- Pilih satu ramuan pendukung saraf (Bacopa/Gingko) dan satu detoksifikasi (Moringa/Dandelion) untuk memulai minggu ini.
- Berjalanlah selama 5–15 menit setiap hari, sambil berdoa dengan suara keras Yeremia 30:17 saat Anda bergerak.
- Mulailah detoks gula dan makanan olahan selama 3 hari.

Jurnal Prompt

- Bagian mana dalam hidupku yang terasa "lumpuh"?

- Di mana saya membutuhkan pembersihan batin dan lahir — bukan hanya secara fisik, tetapi juga rohani?

Pertanyaan Diskusi Kelompok Penyembuhan

1. Mengapa orang sering putus asa setelah terkena stroke atau diagnosis?
2. Apa cara praktis untuk memulihkan harapan dan martabat orang dengan penyakit jangka panjang?
3. Racun apa (emosional, relasional, atau fisik) yang mungkin meracuni kesehatan — dan bagaimana racun tersebut dapat dilepaskan?

Momen Refleksi

Letakkan tanganmu di atas tubuhmu dan katakan dengan berani:

"Aku akan bangkit. Aku akan berjalan. Aku akan bersih. Kesembuhan mengalir melalui diriku — tubuh, jiwa, dan roh."

Hari ke-16 – Penyembuhan dari Gangguan Pendengaran & Tinnitus + Migrain & Sakit Kepala Kronis

"Terbukalah! Biarkan kejernihan kembali — ke pendengaranmu, ke pikiranmu, dan ke dalam hidupmu."

Fokus Kitab Suci

"Maka mata orang-orang buta akan dicelikkan, dan telinga orang-orang tuli akan dibuka." — Yesaya 35:5 (TB)
"Ia memasukkan jari-Nya ke telinga orang itu... dan berkata kepadanya, 'Efata,' yang berarti, 'Terbukalah!'" — Markus 7:33–34 (TB)
"Engkau mengurapi kepalaku dengan minyak; pialaku melimpah." — Mazmur 23:5 (TB)

Tantangan Kesehatan Global

Gangguan pendengaran memengaruhi lebih dari **430 juta orang di seluruh dunia** , sementara **tinitus** (telinga berdenging atau berdengung terus-menerus) memengaruhi jutaan orang lainnya — terkadang terkait dengan paparan kebisingan, infeksi, pengobatan, atau kerusakan saraf. Sementara itu, **migrain dan sakit kepala kronis** memengaruhi **lebih dari 1 miliar orang** , terutama perempuan, yang sering menyebabkan mual, sensitivitas terhadap cahaya dan suara, bahkan trauma emosional. Kondisi-kondisi ini dapat menyulitkan seseorang untuk bekerja, beribadah, atau bahkan beraktivitas. Namun, Yesus membuka telinga yang tuli, menenangkan pikiran, dan menyembuhkan dengan firman-Nya — dan **Dia masih menyembuhkan hingga kini** .

Obat Penyembuhan dari Penciptaan

Akar Jahe (***Zingiber officinale*** **)** – Anti-inflamasi untuk migrain

Feverfew (***Tanacetum parthenium*** **)** – Pencegahan migrain

Ginkgo Biloba – Meningkatkan aliran darah ke telinga & otak

Tetes Minyak Bawang Putih (***Allium sativum*** **)** – Obat telinga alami

Magnesium + B2 (Riboflavin) – Dukungan saraf

Obat 1: Teh Jahe & Lemon (Untuk Sakit Kepala/Migrain)

- **Apa yang Anda Butuhkan:**
    - 1 sdt jahe segar parut *(Zingiber officinale)*
    - Air perasan ½ buah lemon
- **Cara Penggunaan:**
    - Rebus jahe dalam air selama 10 menit, tambahkan lemon, minum saat migrain mulai muncul
- **Khasiat :** Mengurangi peradangan dan meredakan mual

Obat 2: Kapsul atau Teh Feverfew

- **Dosis:** 50–100 mg daun kering setiap hari *(Tanacetum parthenium)*
- **Cara Penggunaan:**
    - Diminum setiap hari selama 4–6 minggu sebagai pencegahan migrain

- **Efek:** Mengurangi frekuensi dan tingkat keparahan serangan migrain
  Hindari selama kehamilan.

Obat 3: Ginkgo Biloba untuk Pendengaran & Telinga Berdenging

- **Dosis:** 120–240 mg/hari (ekstrak standar)
- **Khasiat :** Meningkatkan sirkulasi darah pada saraf pendengaran dan otak
- **Kegunaan:** Untuk tinitus, gangguan pendengaran terkait usia, dan kejernihan mental

Obat 4: Tetes Minyak Bawang Putih Hangat (Kesehatan Telinga)

- **Apa yang Anda Butuhkan:**
  - 1 siung bawang putih + 1 sdm minyak zaitun
- **Cara Penggunaan:**
  - Haluskan bawang putih, panaskan dalam minyak (jangan sampai mendidih), dinginkan, dan saring
  - Teteskan 2-3 tetes hangat ke dalam liang telinga (hanya untuk penggunaan luar, tidak untuk gendang telinga yang pecah)
- **Khasiat:** Melawan infeksi, meredakan tekanan

Kombinasi Suplemen: Magnesium + B2 (Riboflavin)

- **Dosis:**
  - Magnesium: 400–500 mg/hari
  - B2: 200–400 mg/hari
- **Khasiat:** Mendukung sistem saraf, mengurangi frekuensi sakit kepala

Wawasan Penyembuhan: Effata — Terbukalah!
Ketika Yesus menyembuhkan orang tuli dan bisu di Markus 7, Dia tidak berdoa lama-lama. Dia hanya **menyentuh dan menyatakan** ,
" **Efata – Terbukalah!** "
Banyak dari kita memiliki **telinga yang tertutup, pikiran yang berkabut, dan rasa sakit yang berdenyut-denyut** yang membatasi ibadah, kejelasan, dan koneksi kita.
Namun Yesus tetap membuka apa yang tertutup.
Penyembuhan bukan hanya tentang menghilangkan rasa sakit — ini tentang **memulihkan pendengaran, istirahat, fokus, dan arah.**

Kisah Penyembuhan – Ghana & Brasil
Mukjizat Telinga Ama – Accra, Ghana
Setelah terserang malaria di usia 17 tahun, Ama kehilangan pendengaran di salah satu telinganya dan terus-menerus bergelut dengan tinitus. Selama bertahun-tahun ia menyembunyikannya. Kemudian, pada suatu malam doa bersama para wanita, seseorang meletakkan tangannya di telinganya dan berbisik, "Effata."
Dering itu berhenti malam itu.
"Saya menyadari Tuhan mendengar saya bahkan ketika saya tidak dapat mendengar-Nya dengan jelas."

Terobosan Thiago untuk Mengatasi Sakit Kepala – São Paulo, Brasil
Thiago, 36, telah menderita migrain sejak kecil. Cahaya terang, stres, dan bahkan konser ibadah memicu rasa sakit. Ia memulai rutinitas harian yang terdiri dari magnesium, feverfew, dan teh jahe — disertai dengan deklarasi Mazmur 23.
Selama tiga bulan, sakit kepala berkurang drastis.

"Pengurapan itu tidak hanya menyentuh kepala saya — tetapi juga memperbarui hidup saya."

Doa untuk Kesembuhan

Tuhan Cahaya dan Keheningan,
sentuhlah telingaku dan katakan, "Terbukalah!" Bukalah pendengaranku — secara fisik dan spiritual. Redakan dengingan. Pulihkan kepekaanku. Urapi kepalaku dan lepaskan ketegangan. Biarkan rasa sakit hilang, dan kedamaian turun. Ucapkanlah kejernihan pada pikiran dan sistem sarafku. Dalam nama Yesus, Amin.

Deklarasi Penyembuhan Harian

Telingaku terbuka. Pendengaranku jernih.
Dengungan berhenti. Tekanan berkurang. Otakku tenang.
Sarafku kuat. Tak ada lagi migrain. Tak ada lagi siksaan.
Aku mendengar suara Tuhan, dan aku hidup dalam kejernihan.
Amin.

Titik Aksi

- Pilih satu obat untuk penyangga telinga (Gingko atau Bawang Putih) dan satu untuk pencegahan migrain (Feverfew atau Jahe)
- Lakukan detoks layar selama 3 hari: kurangi cahaya terang dan beban digital
- Nyatakan Markus 7:34 dengan lantang setiap hari untuk diri Anda sendiri atau orang yang Anda kasihi: **"Terbukalah!"**

Jurnal Prompt

- Di mana saya perlu "mendengar" lebih jelas — secara fisik atau spiritual?

- Rasa sakit atau tekanan apa dalam hidupku yang membutuhkan perintah "Terbukalah"?

Pertanyaan Diskusi Kelompok Penyembuhan

1. Bagaimana kita menangani kondisi kronis yang tidak dapat dilihat orang lain (seperti migrain atau tinitus)?
2. Apa saja penyebab emosional atau spiritual yang dapat mendasari seringnya timbulnya sakit kepala atau kebingungan?
3. Bagikan momen ketika "telinga rohani" Anda terbuka terhadap suara Tuhan saat mengalami kesakitan.

Momen Refleksi

Letakkan jari Anda dengan lembut di telinga Anda dan nyatakan:

"Terbukalah — dalam nama Yesus. Tak ada lagi dering. Tak ada lagi rasa sakit. Aku menerima kesembuhan, kedamaian, dan kejelasan hari ini."

Hari ke-17 – Pemulihan dari Obesitas & Sindrom Metabolik + Tantangan Kesehatan Seksual (Libido, Disfungsi Ereksi)

Tubuhmu bukanlah beban—itu adalah kuil. Dan kuil memang dimaksudkan untuk menjadi utuh.

Fokus Kitab Suci

"Tidak tahukah kamu, bahwa tubuhmu adalah bait Roh Kudus... Kamu bukan milik kamu sendiri, melainkan telah dibeli dan harganya telah lunas dibayar: Karena itu muliakanlah Allah dengan tubuhmu." — 1 Korintus 6:19–20 (NIV)
"Berbahagialah orang yang kekuatannya ada di dalam Engkau... mereka semakin kuat." — Mazmur 84:5, 7 (NKJV)
"Ia memuaskan keinginanmu dengan kebaikan, sehingga masa mudamu menjadi baru seperti pada burung rajawali." — Mazmur 103:5 (NIV)

Tantangan Kesehatan Global

Obesitas dan sindrom metabolik kini memengaruhi lebih dari **2 miliar orang di seluruh dunia** , yang menyebabkan penyakit jantung, diabetes, ketidakseimbangan hormon, dan peradangan. Epidemi ini seringkali bukan hanya disebabkan oleh makanan, tetapi juga trauma, stres, dan pengabaian spiritual.
Masalah kesehatan seksual , terutama **libido rendah dan disfungsi ereksi (DE)** , memengaruhi **1 dari 3 pria** dan semakin banyak wanita — namun rasa malu dan diam

sering kali menghalangi orang untuk mencari penyembuhan.

Namun, Tuhan memperhatikan setiap sistem — termasuk hormon, metabolisme, dan fungsi seksual. Kuasa-Nya memperbarui energi, membentuk kembali identitas, dan memulihkan apa yang mungkin telah tumpul akibat stres, dosa, atau penyakit.

Obat Penyembuhan dari Penciptaan

Biji Klabet (***Trigonella foenum-graecum*** **)** – Penambah libido & penunjang gula darah

Akar Maca (***Lepidium meyenii*** **)** – Energi, stamina, keseimbangan hormon

Kayu manis (***Cinnamomum verum*** **)** – Penstabil metabolisme

Pare (***Momordica charantia*** **)** – Pembakar lemak & pengatur gula darah

Tribulus Terrestris – Penambah testosteron alami

Ginseng Siberia (***Eleutherococcus senticosus*** **)** – Pereda stres dan kelelahan

Obat 1: Teh Biji Klabet untuk Libido & Metabolisme

- **Apa yang Anda Butuhkan:** 1 sdt biji fenugreek *(Trigonella foenum-graecum) yang dihancurkan*
- **Cara Penggunaan:**
  - Seduh dalam air panas selama 10 menit, minum sekali atau dua kali sehari
- **Khasiat:** Meningkatkan libido, menyeimbangkan testosteron, menurunkan gula darah

Ramuan 2: Smoothie Akar Maca untuk Energi & Fungsi Seksual

- **Apa yang Anda Butuhkan:** 1 sdt bubuk maca *(Lepidium meyenii)*
- **Cara Penggunaan:**
  - Campurkan ke dalam smoothie atau bubur di pagi hari
- **Khasiat:** Meningkatkan stamina, regulasi hormonal, libido (pria dan wanita)

Ramuan 3: Kayu Manis + Pare untuk Kontrol Lemak & Gula

- **Apa yang Anda Butuhkan:**
  - ½ sdt kayu manis *(Cinnamomum verum)*
  - 1 kapsul atau 1 sdt ekstrak pare *(Momordica charantia)*
- **Cara Penggunaan:**
  - Dikonsumsi bersama makanan 1–2x sehari
- **Efek:** Menurunkan resistensi insulin, membakar lemak, mengekang nafsu makan

Ramuan ke-4: Tribulus & Ginseng untuk Vitalitas Pria

- **Dosis:**
  - Tribulus: 250–500 mg/hari *(Tribulus terrestris)*
  - Ginseng: 200–400 mg/hari *(ginseng Siberia)*
- **Efek:** Mendukung fungsi ereksi, libido, ketahanan stres, dan sirkulasi

Periksa interaksi jika sedang mengonsumsi obat-obatan.

Wawasan Penyembuhan: Pengelolaan Tubuh adalah Peperangan Rohani

Banyak orang diam-diam membenci tubuh mereka. Mereka menghukumnya dengan kelaparan, pemanjaan, atau pengabaian—tanpa pernah menyadari bahwa tubuh

bukanlah musuh.
Tubuh adalah **bait suci** .
Tuhan ingin putra-putri-Nya berhenti bersembunyi, mulai menyembuhkan, dan **mengambil alih kendali** atas selera, keinginan, dan rancangan mereka.
Obesitas dan disfungsi seksual bukan hanya masalah fisik — keduanya sering dikaitkan dengan identitas yang hancur, kepahitan, dan rasa malu.
Namun, **penyembuhan tak perlu malu** , dan **pemulihan tak perlu batas** .

Kisah Penyembuhan – Inggris & Zambia

Perjalanan Berat Badan Jonathan – London, Inggris.

Jonathan, seorang pemain keyboard gereja, memiliki berat badan lebih dari 140 kg dan hidup dengan kelelahan, nyeri sendi, dan rasa malu yang mendalam. Ia memulai transformasi yang perlahan didorong oleh iman: kayu manis dalam kopi, teh fenugreek, berjalan sambil mendengarkan musik penyembahan, dan berpuasa dengan gula rafinasi.
Setahun kemudian, ia kehilangan berat badan lebih dari 40kg.
"Itu bukan diet. Itu keputusan ilahi. Tubuhku mengejar jiwaku."

Pemulihan Tandiwe – Lusaka, Zambia

Tandiwe, 34, berjuang melawan libido rendah dan ketegangan dalam rumah tangga. Dokter hanya menawarkan sedikit bantuan. Retret profetik bagi para wanita membuka pintu bagi penyembuhan Tuhan — secara spiritual dan biologis. Ia mulai mengonsumsi maca dan fenugreek, tetapi juga pengampunan, menulis jurnal, dan mendapatkan kembali kewanitaannya.

Penyembuhan tidak dimulai di rahimku. Penyembuhan dimulai di hatiku. Sekarang, aku senang menjadi seorang wanita lagi.

Doa untuk Kesembuhan

Tuhan,
pulihkan energiku. Pulihkan keseimbanganku. Pulihkan hasratku. Ampunilah aku karena telah mencemarkan nama baik tubuhku — dalam pemanjaan, kebencian, atau rasa malu. Patahkanlah setiap belenggu kecanduan makanan, disfungsi seksual, atau belenggu hormon. Biarlah bait suciku diperbarui. Biarlah metabolisme dan keintimanku dipulihkan.
Aku memilih keutuhan — dari dalam ke luar.
Dalam nama Yesus, Amin.

Deklarasi Penyembuhan Harian

Aku bukanlah hasratku.
Tubuhku adalah bait suci—kuat, sehat, dan disiplin. Hormonku seimbang. Hasratku murni dan penuh. Aku berenergi. Aku adalah terang. Aku hidup di dalam Kristus. Tak ada lagi persembunyian. Tak ada lagi rasa malu. Tak ada lagi stagnasi. Aku berjalan dalam tatanan dan hasrat ilahi. Amin!

Titik Aksi

- Pilih satu penunjang metabolisme (misalnya pare atau kayu manis) dan satu peningkat libido/vitalitas (misalnya maca, fenugreek)
- Ganti satu makanan olahan per hari dengan makanan utuh yang kaya serat
- Tulislah "surat cinta" untuk tubuhmu, nyatakan apa yang Tuhan katakan tentangnya

Jurnal Prompt

- Kebohongan atau trauma apa yang telah membentuk cara saya memperlakukan tubuh atau seksualitas saya?
- Apa artinya "menghormati Tuhan dengan tubuhku" di musim ini?

Pertanyaan Diskusi Kelompok Penyembuhan

1. Mengapa banyak orang Kristen bergumul dengan berat badan atau disfungsi seksual secara diam-diam?
2. Bagaimana gereja dapat mendukung percakapan yang rentan di sekitar area ini?
3. Seperti apa kebebasan sejati — tidak hanya secara fisik, tetapi juga secara emosional dan spiritual?

Momen Refleksi

Letakkan tangan Anda di atas perut atau dada dan nyatakan:

Tubuhku diberkati. Baitku sedang memulihkan diri. Aku bangkit kembali dengan kekuatan dan hasrat—untuk hidup, untuk cinta, dan untuk Tuhan.

Hari ke-18 – Pemulihan dari Menopause & Andropause + Kesehatan Tulang (Osteoporosis, Sendi Lemah)

"Kamu tidak mengering — kamu sedang bangkit menuju kekuatan baru."

Fokus Kitab Suci

"Sampai masa tuamu dan sampai masa putih rambutmu, Aku tetap Dia, Akulah Dia yang akan menopangmu." — Yesaya 46:4 (BIMK)
"Kamu akan datang ke dunia orang mati dengan kekuatan penuh, seperti berkas-berkas gandum yang dipetik pada waktunya." — Ayub 5:26 (BIMK)
"Dia membuat tulang-tulangku kuat seperti tembaga, dan lenganku dapat melengkungkan busur tembaga." — 2 Samuel 22:35 (parafrase)

Tantangan Kesehatan Global

Menopause (pada wanita) dan **andropause** (pada pria) adalah transisi hormonal alami di usia paruh baya yang sering disalahpahami. Keduanya dapat menyebabkan **hot flashes, perubahan suasana hati, energi rendah, keringat malam, libido rendah, depresi, dan pengeroposan tulang.**

Lebih dari **1 miliar wanita** di seluruh dunia saat ini sedang mengalami menopause, dan **jutaan pria** menghadapi penurunan hormon secara diam-diam.

Osteoporosis dan tulang lemah memengaruhi lebih dari **500 juta orang** , terutama wanita di atas usia 50 tahun, yang menyebabkan patah tulang, nyeri, dan kecacatan.

Namun, Tuhan menjanjikan bukan hanya umur panjang — **melainkan umur yang kuat** . Menua di dalam Kristus bukanlah kemunduran; melainkan **penyempurnaan** . Dia memperbarui masa mudamu seperti rajawali dan menguatkan tubuhmu seperti pohon aras.

Obat Penyembuhan dari Penciptaan

Black Cohosh (***Actaea racemosa*** **)** – Pereda menopause
Akar Maca (***Lepidium meyenii*** **)** – Keseimbangan hormon untuk pria dan wanita
Semanggi Merah (***Trifolium pratense*** **)** – Dukungan fitoestrogen alami
Ekor Kuda (***Equisetum arvense*** **)** – Sumber silika penguat tulang
Biji Wijen + Kelor (***Sesamum indicum*** **,** ***Moringa oleifera*** **)** – Kaya kalsium & nutrisi untuk tulang
Vitamin D3 + K2 – Kepadatan mineral tulang dan sinergi hormon

Ramuan 1: Teh Maca & Semanggi Merah (Pendukung Hormon)

- **Apa yang Anda Butuhkan:**
  - 1 sdt bubuk maca *(Lepidium meyenii)*
  - 1 sdt bunga kering semanggi merah *(Trifolium pratense)*
- **Cara Penggunaan:**
  - Minum sekali sehari untuk energi, suasana hati, dan keseimbangan hormon
    Hindari semanggi merah jika sedang menjalani pengobatan kanker yang sensitif terhadap estrogen.

Obat 2: Black Cohosh untuk Hot Flashes & Suasana Hati

- **Dosis:** 20–40 mg kapsul ekstrak/hari *(Actaea racemosa)*
- **Khasiat:** Meredakan keringat malam, mudah tersinggung, dan penurunan hormon

Obat 3: Penguat Tulang Ekor Kuda & Wijen

- **Teh Ekor Kuda:**
    - 1 sendok teh ekor kuda kering *(Equisetum arvense)* dalam air panas
    - Minum 2–3x per minggu
- **Campuran Wijen:**
    - 1 sdm biji wijen *(Sesamum indicum)* + 1 sdt moringa dalam bubur atau smoothie
- **Efek:** Menyediakan kalsium, silika, magnesium — semuanya penting untuk regenerasi tulang

Suplemen Peningkat: Kombinasi Vitamin D3 + K2

- **Dosis:** Sesuai dengan rekomendasi usia/berat badan
- **Khasiat:** Meningkatkan penyerapan kalsium dan mencegah pengeroposan tulang
  Dapatkan paparan sinar matahari pagi bila memungkinkan!

Wawasan Penyembuhan: Anda Tidak Memudar — Anda Berkembang

Dunia berkata kekuatanmu menurun seiring bertambahnya usia. Namun di kerajaan, **kau justru semakin bersinar** . Menopause dan andropause mungkin mengguncang ritmemu—tetapi keduanya tak dapat mencuri esensimu. Tuhan merancang setiap musim untuk membawa kemuliaan.

Kekeringan yang kau rasakan bukanlah kematian— melainkan sebuah sinyal. **Waktunya untuk mengisi ulang. Waktunya untuk menyelaraskan kembali.** Ini bukan kemunduranmu. Ini adalah **kemunculanmu menuju kedewasaan, kebijaksanaan, dan kekuatan batin yang lebih dalam.**

Kisah Penyembuhan – Kanada & Kenya

Grace's Midlife Renewal – Toronto, Kanada

Di usia 51 tahun, Grace berjuang melawan insomnia, rasa panas, dan serangan panik mendadak. Ia takut "kehilangan jati dirinya". Namun, melalui kelompok renungan tengah minggu, ia mulai mengonsumsi maca, semanggi merah, dan menulis jurnal berisi deklarasi dari Yesaya 46.

"Kupikir menopause adalah kutukan. Tapi ternyata itu kepompong. Aku bangkit kembali — utuh, lebih bijaksana, dan berapi-api."

Pemulihan Tulang Yehezkiel – Eldoret, Kenya

Yehezkiel, 64 tahun, seorang pensiunan guru, mengalami patah tulang pinggul akibat jatuh ringan. Hasil tes menunjukkan osteoporosis parah. Alih-alih menyerah, ia memulai rutinitas makan ekor kuda dan kelor setiap hari, berjemur di bawah sinar matahari pagi, dan berdoa sambil berjalan.

6 bulan kemudian, pemindaian tulang menunjukkan perbaikan 20%.

"Tuhan tidak membiarkanku mati dalam kelemahan. Dia memperbarui tulang-tulangku seperti sayap elang."

Doa untuk Kesembuhan

Tuhan,

Engkaulah Penopangku di setiap musim — bahkan dalam

masa transisi. Aku melepaskan rasa takut akan penuaan, perubahan hormon, dan kekuatan. Pulihkan sukacitaku, atur tubuhku, dan perbarui tulang-tulangku. Biarlah setiap sendi kuat. Biarlah tidurku kembali. Biarlah hormon-hormonku kembali teratur. Biarlah tubuh dan jiwaku selaras dengan tujuan. Dalam nama Yesus, Amin.

Deklarasi Penyembuhan Harian

Aku tidak mengering.
Aku berkembang pesat. Hormon-hormonku selaras.
Tulang-tulangku kuat.
Tubuhku bagaikan bait suci—dan ia berkembang pesat.
Kekuatan masa mudaku sedang diperbarui. Aku melangkah dengan berani melalui setiap transisi dengan anggun. Amin!

Titik Aksi

- Pilih satu ramuan pembentuk tulang dan satu makanan pendukung hormon
- Mulailah jurnal rasa syukur dan anugerah untuk kemenangan di usia paruh baya
- Mulailah latihan kekuatan berdampak rendah seperti berjalan, peregangan, atau squat dengan beban tubuh

Jurnal Prompt

- Ketakutan atau kebohongan apa yang saya percayai tentang penuaan atau transisi?
- Kekuatan baru apa yang Tuhan kembangkan dalam diri saya selama musim ini?

Pertanyaan Diskusi Kelompok Penyembuhan

1. Bagaimana budaya memperlakukan menopause atau penuaan pada pria — dan bagaimana orang beriman seharusnya menanggapinya secara berbeda?
2. Dengan cara apa saja usia paruh baya dapat menjadi wadah untuk pelayanan dan pembaruan?
3. Bagaimana Anda melihat Tuhan memperbarui kekuatan dalam diri orang lain selama musim transisi?

Momen Refleksi
Berdiri tegak, angkat tangan, dan ucapkan dengan lantang:
"Bahkan di rambutku yang beruban, Dia menggendongku. Kekuatanku meningkat. Tulang-tulangku kuat. Tujuanku

Hari ke-19 – Penyembuhan dari Alzheimer & Demensia + Parkinson & Kondisi Terkait Tremor

"Pikiranmu tidak memudar — ia diperbarui setiap hari."

Fokus Kitab Suci

"Tetapi kami memiliki pikiran Kristus." — 1 Korintus 2:16 (NIV)

"Berubahlah oleh pembaharuan budimu." — Roma 12:2 (NIV)

"Sampai masa tuamu dan masa putih rambutmu, Aku tetap Dia, Akulah Dia yang akan menopangmu." — Yesaya 46:4 (NIV)

Tantangan Kesehatan Global

Lebih dari **55 juta orang** di seluruh dunia hidup dengan **Alzheimer atau bentuk demensia lainnya** , sementara **penyakit Parkinson** , suatu kondisi otak degeneratif yang memengaruhi pergerakan dan stabilitas, memengaruhi lebih dari **10 juta orang di seluruh dunia** .

Kedua penyakit ini berkaitan dengan penuaan, genetika, stres oksidatif, dan peradangan di otak. Gejalanya seringkali dimulai secara halus—hilang ingatan, tremor, kaku—dan secara bertahap menjadi melemahkan.

Namun Firman Tuhan mengingatkan kita: **Dia tidak memberi kita roh ketakutan atau kelupaan** . Dia memberi kita **kekuatan, kasih, dan pikiran yang sehat** . Penyembuhan otak bukan hanya mungkin—tetapi juga dijanjikan.

Obat Penyembuhan dari Penciptaan

Jamur Surai Singa (***Hericium erinaceus*** **)** – Regenerasi saraf otak

Kunyit (***Curcuma longa*** **)** – Antiinflamasi dan penambah daya ingat

Ginkgo Biloba – Meningkatkan sirkulasi otak

Ashwagandha (***Withania somnifera*** **)** – Mengurangi stres dan kortisol

Minyak Kelapa (MCT) – Energi otak untuk mendukung demensia

Omega-3 (dari biji rami atau minyak ikan) – Melindungi membran sel otak

Obat 1: Teh atau Kapsul Surai Singa

- **Dosis:** 500–1000 mg/hari (kapsul) atau 1 sdt jamur kering direbus dalam teh
- **Efek:** Merangsang Nerve Growth Factor (NGF) untuk meregenerasi sel-sel otak
- **Kegunaan:** Terutama membantu untuk demensia tahap awal, kehilangan ingatan, tremor Parkinson

Obat 2: Susu Emas Kunyit

- **Bahan-bahan:**
  - ½ sdt bubuk kunyit *(Curcuma longa)*
  - 1 cangkir santan atau susu almond
  - Sejumput lada hitam
- **Cara Penggunaan:**
  - Panaskan dengan api kecil, minum sebelum tidur
- **Efek:** Mengurangi peradangan otak, mendukung detoksifikasi dan kejernihan

Obat 3: Kombinasi Ginkgo + Omega-3

- **Dosis Ginkgo Biloba:** 120–240 mg/hari
- **Omega-3:** 1000–2000 mg/hari dari biji rami, chia, atau minyak ikan
- **Efek:** Meningkatkan aliran darah ke otak, melindungi memori, dan mengurangi stres oksidatif

Obat ke-4: Ashwagandha untuk Parkinson & Penurunan Neurologis Akibat Stres

- **Dosis:** 300–500 mg/hari *(Withania somnifera)*
- **Efek:** Mengurangi hormon stres (kortisol), menstabilkan suasana hati, dan dapat meningkatkan fungsi motorik

Selalu konsultasikan dengan dokter Anda, terutama jika sedang mengonsumsi obat resep.

Wawasan Penyembuhan: Pikiran Sehat, Jiwa Kuat

Dunia mungkin berkata bahwa kemunduran mental tidak dapat dihindari, tetapi Firman Tuhan berkata:
"Seperti yang dipikirkan seseorang, demikianlah dia."
"Diperbarui dalam roh dan pikiranmu."
Sekalipun ingatan memudar, **identitas tetap ada** — dan kuasa Tuhan cukup kuat untuk memulihkan sel-sel otak, memperbarui pikiran, dan menyelaraskan kembali sistem saraf.
Entah Anda sedang melawan kelupaan, tremor, atau kabut otak — nyatakan:
Pikiranku tenang. Pikiranku stabil. Ingatanku utuh. Aku memiliki pikiran Kristus.

Kisah Penyembuhan – Filipina & Amerika Serikat

Pemulihan Memori Maria – Cebu, Filipina

Maria, 68 tahun, mulai lupa nama dan salah menaruh benda-benda yang familiar. Putrinya memperkenalkan kapsul Lion's Mane, susu kunyit, dan latihan menghafal berdasarkan ayat Alkitab. Mereka membaca Mazmur 103:2-5 setiap hari.

Setelah 3 bulan, Maria dapat mengingat ulang tahun, resep, dan bahkan lagu masa kecil.

"Saya tidak hanya mendapatkan kembali ingatan — saya mendapatkan kembali kegembiraan."

Terobosan Parkinson James – Atlanta, AS.

Didiagnosis Parkinson dini pada usia 61 tahun, James takut kehilangan harga dirinya. Komunitas agamanya mendukungnya. Ia memulai rutinitas mengonsumsi ginkgo, omega-3, jalan ibadah, dan komuni. Meskipun tremornya tidak langsung hilang, pikirannya menjadi jernih, dan keseimbangannya membaik.

"Tuhan tidak menghentikan badai dalam semalam, tetapi Dia mengajarkan tanganku untuk berperang dengan damai."

Doa untuk Kesembuhan

Bapa,

Engkau merajut otakku dalam rahim ibuku, dan Engkau masih menenun kehidupan ke dalam setiap sinaps. Perbarui pikiranku. Sembuhkan celah ingatan. Tenangkan tanganku. Tenangkan getarannya. Biarkan api kebingungan padam. Aku berbicara tentang keselarasan pada neuron-neuronku. Pulihkan kejernihan, keyakinan, dan koneksi. Dalam nama Yesus, Amin.

Deklarasi Penyembuhan Harian

Aku memiliki pikiran Kristus.
Ingatanku tajam. Pikiranku utuh. Otakku tidak menurun—ia sedang menyelaraskan diri. Setiap saraf, setiap sel, setiap gerakan merespons perintah ilahi. Aku teguh. Aku sehat. Aku aman. Otakku diberkati. Rohku hidup. Amin!

Titik Aksi

- Pilih kombinasi penambah otak harian: Lion's Mane + Omega-3 atau Kunyit + Ashwagandha
- Mulailah Tantangan Menghafal Kitab Suci: 1 ayat setiap hari selama 7 hari
- Berlatih koordinasi tangan dan jari (misalnya, meremas bola, menggambar)

Jurnal Prompt

- Kenangan apa yang saya takutkan hilang?
- Bagaimana saya dapat memperbarui pola pikir saya dengan Firman Tuhan setiap hari?

Pertanyaan Diskusi Kelompok Penyembuhan

1. Apa saja mitos umum seputar kehilangan ingatan dan penuaan dalam budaya Anda?
2. Bagaimana komunitas spiritual dapat mendukung mereka yang hidup dengan demensia atau gangguan tremor?
3. Apa yang telah membantu Anda atau orang lain memperbarui pikiran — secara praktis dan spiritual?

Momen Refleksi

Letakkan tanganmu di kepala dan nyatakan:

Pikiranku tenang. Pikiranku jernih. Otakku berada di tangan Sang Penyembuh — dan Dia melakukan segalanya dengan baik.

Hari ke-20 – Penyembuhan dari Depresi & PTSD + Kecanduan (Zat & Perilaku)

"Kamu tidak akan terikat selamanya — kebebasan memiliki nama, dan nama-Nya adalah Yesus."

Fokus Kitab Suci

"Dia menyembuhkan orang yang patah hati dan membalut luka-luka mereka." — Mazmur 147:3 (NIV)
"Roh Tuhan ALLAH ada padaku... untuk memberitakan pembebasan kepada orang-orang tawanan." — Yesaya 61:1 (NKJV)
"Jadi jika Anak memerdekakan kamu, kamu pun benar-benar merdeka." — Yohanes 8:36 (NIV)

Tantangan Kesehatan Global

Lebih dari **300 juta orang** di seluruh dunia menderita **depresi** , dan **Gangguan Stres Pascatrauma (PTSD)** memengaruhi jutaan orang lainnya, termasuk penyintas perang, kekerasan, kesedihan, dan kehilangan emosional yang mendalam. Kondisi-kondisi ini dapat menjebak pikiran dalam siklus ketakutan, kesedihan, rasa bersalah, dan mati rasa.

Sementara itu, **kecanduan** —narkoba, alkohol, pornografi, judi, makanan, media sosial, atau bahkan hubungan yang toksik—membelenggu lebih dari **1 miliar orang** di seluruh dunia. Kecanduan memang menawarkan kelegaan sementara, tetapi kehancuran jangka panjang.

Namun Kabar Baiknya adalah: **Yesus tidak hanya menyembuhkan tubuh — Ia membebaskan tawanan** .

Depresi bukanlah takdir Anda. Kecanduan bukanlah identitas Anda. Penyembuhan telah tiba.

Obat Penyembuhan dari Penciptaan

St. John's Wort (***Hypericum perforatum*** **)** – Antidepresan alami

Ashwagandha (***Withania somnifera*** **)** – Pemulihan sistem saraf & trauma

Rhodiola Rosea – Pereda stres emosional dan fisik

Passionflower (***Passiflora incarnata*** **)** – Menenangkan kecemasan & keinginan

Akar Valerian – Tidur dan stabilisasi emosional

Holy Basil (***Ocimum sanctum*** **)** – Kortisol dan pengaturan suasana hati

Obat 1: Teh St. John's Wort & Rhodiola (untuk Depresi & Trauma)

- **Apa yang Anda Butuhkan:**
  - 1 sdt St. John's Wort kering *(Hypericum perforatum)*
  - ½ sdt akar Rhodiola *(Rhodiola rosea)*
- **Cara Penggunaan:**
  - Rendam dalam air panas selama 10–15 menit
  - Minum 1x sehari pada pagi hari (dapat menyebabkan sensitif terhadap sinar matahari)
- **Efek:** Meningkatkan suasana hati yang rendah, meningkatkan serotonin, mendukung ketahanan emosional

  Jangan digunakan bersama antidepresan atau kontrasepsi hormonal.

Obat 2: Infus Bunga Markisa + Valerian untuk Tidur

- **Apa yang Anda Butuhkan:**

- 1 sdt bunga gairah *(Passiflora incarnata)*
    - ½ sdt akar valerian
- **Cara Penggunaan:**
    - Seduh teh 30–60 menit sebelum tidur
- **Efek:** Mengurangi kecemasan, pikiran yang berpacu, dan insomnia — sering dikaitkan dengan PTSD dan penarikan

Obat 3: Tonik Adaptogen Ashwagandha + Kemangi Suci

- **Apa yang Anda Butuhkan:**
    - 1 sdt bubuk akar ashwagandha *(Withania somnifera)*
    - ½ sdt daun kemangi suci (tulsi) *(Ocimum sanctum)*
- **Cara Penggunaan:**
    - Campurkan susu almond atau kelapa hangat dan minum perlahan
- **Efek:** Menenangkan respons stres, membangun kembali sistem adrenal, meningkatkan pemulihan jangka panjang

Wawasan Penyembuhan: Pembebasan Juga Merupakan Pemulihan

Yesus tidak hanya mengusir setan — Ia memulihkan martabat. Ketika Ia membebaskan orang itu dari legiun, orang itu ditemukan:

"...berpakaian dan waras." (Markus 5:15)

Seperti itulah rupa penyembuhan — **kebebasan, kedamaian, identitas, dan pemulihan penuh** .

Entah Anda bergumul dengan kegelapan pikiran atau belenggu kecanduan, ketahuilah ini: **Kebebasan bukan hanya mungkin — tetapi juga dijanjikan** .

Kisah Penyembuhan – Afrika Selatan & Argentina

Perjalanan Kebebasan Nomsa – Cape Town, Afrika Selatan

Nomsa, 29 tahun, menanggung beban bertahun-tahun penyiksaan, ditutupi oleh alkohol dan kesunyian. Depresi menghantui pagi-paginya. Suatu hari ia masuk ke sebuah klinik doa dan seseorang bernubuat, "Kamu bukanlah rasa sakitmu." Melalui terapi, teh ashwagandha, jurnal pujian, dan puasa, terobosannya pun datang.

"Saya belajar mencintai diri sendiri lagi. Yesus tidak hanya menanggung rasa sakit — Dia memberi saya tujuan."

Pemulihan Luciano dari Kecanduan Porno – Córdoba, Argentina

Luciano, 34, hidup dengan rasa malu yang terpendam. Ia pergi ke gereja tetapi terikat. Ia mulai berpuasa mingguan bersama kelompok pria, menggunakan teh bunga markisa untuk meredakan hasrat, dan mengganti kebiasaan malam harinya dengan pengakuan dosa dan ibadah larut malam.

"Pembebasan itu tidak instan — melainkan penyerahan diri setiap hari. Namun, Tuhan memulihkanku."

Doa untuk Kesembuhan

Yesus,

Engkaulah Penyembuh luka yang tersembunyi. Aku menyerahkan trauma, rasa sakit, kegelapan, dan kerinduan. Putuskanlah setiap rantai. Rekatkan hatiku yang hancur. Perbarui pikiranku. Penuhi ruang hampa dengan kehadiran-Mu. Di mana ada kecanduan — tanamlah pengabdian. Di mana ada depresi — hiruplah sukacita. Engkaulah Pembebasku. Aku bebas. Dalam nama Yesus, Amin.

Deklarasi Penyembuhan Harian

Aku terbebas dari roh beban.
Pikiranku tenang. Jiwaku ringan. Kecanduan tak lagi berkuasa atasku. Aku memutus setiap siklus ketakutan, rasa malu, dan keputusasaan. Tuhan sedang memulihkan sukacitaku. Pikiranku utuh. Hidupku bersih.
Aku tak terkekang—aku bangkit!
Amin.

Titik Aksi

- Pilih satu teh yang menenangkan (Passionflower atau Ashwagandha) dan minumlah selama 7 hari secara konsisten
- Ganti kebiasaan malam hari yang merugikan dengan kebiasaan yang menyembuhkan: membaca Alkitab, berjalan-jalan, menulis jurnal, atau beribadah
- Tulislah surat untuk dirimu di masa lalu, dan maafkan dirimu sendiri dalam nama Yesus

Jurnal Prompt

- Luka atau siklus tersembunyi apa yang masih kubawa dalam diam?
- Bagaimana jadinya jika saya *benar-benar hidup bebas* ?

Pertanyaan Diskusi Kelompok Penyembuhan

1. Mengapa banyak orang Kristen menyembunyikan kecanduan, trauma, atau depresi?
2. Seperti apakah pembebasan sejati — jangka pendek dan jangka panjang?
3. Bagaimana kita dapat saling mendukung saat melewati lembah jiwa?

Momen Refleksi
Rentangkan tanganmu lebar-lebar dan nyatakan:
"Aku bebas. Aku utuh. Aku bukan lagi tawanan—aku putra/putri Tuhan. Pikiranku ringan, dan sukacitaku penuh!"

Hari ke-21 – Penyembuhan Penyakit Jantung (Palpitasi, Penyumbatan, Nyeri Dada) + Varises & Sirkulasi Darah Buruk

"Biarkan setiap pembuluh di tubuhmu menggemakan irama kehidupan ilahi."

Fokus Kitab Suci

"Hati yang gembira adalah obat yang manjur, tetapi semangat yang patah mengeringkan tulang." — Amsal 17:22 (TB)
"Hatiku dan dagingku sekalipun akan lenyap, tetapi Allah adalah gunung batuku dan bagianku selama-lamanya." — Mazmur 73:26 (TB)
"Nyawa makhluk ada di dalam darahnya." — Imamat 17:11 (TB)

Tantangan Kesehatan Global

Penyakit kardiovaskular tetap menjadi **penyebab kematian nomor satu di dunia** , bertanggung jawab atas lebih dari **17,9 juta kematian setiap tahunnya** . Penyakit jantung ditandai dengan kolesterol tinggi, penyumbatan arteri, palpitasi, hipertensi, nyeri dada, dan sesak napas. **Varises** dan **sirkulasi darah yang buruk** , meskipun seringkali kurang mengancam jiwa, memengaruhi lebih dari **30% populasi** , terutama perempuan dan lansia. Gejalanya meliputi kaki terasa berat, pembuluh darah vena terlihat jelas, pembengkakan, dan mati rasa — semua tanda bahwa **sungai kehidupan tidak mengalir dengan lancar** . Namun Yesus tetap menyembuhkan hati yang hancur — secara emosional **dan** fisik. Dia menciptakan darah, pembuluh darah, dan ritmenya. Dia dapat memperbarui semuanya.

Obat Penyembuhan dari Penciptaan

Buah Hawthorn (***Crataegus monogyna*** **)** – Penguat jantung dan pelindung arteri

Cabai rawit (***Capsicum annuum*** **)** – Melancarkan sirkulasi dan memecah plak

Kastanye Kuda (***Aesculus hippocastanum*** **)** – Penguat pembuluh darah

Bawang putih (***Allium sativum*** **)** – Menurunkan kolesterol, melancarkan aliran darah

Jahe (***Zingiber officinale*** **)** – Pengencer darah dan anti inflamasi

Sapu Jagal (***Ruscus aculeatus*** **)** – Mengurangi peradangan dan pembengkakan pembuluh darah

Obat 1: Tonik Jantung Hawthorn & Bawang Putih

- **Apa yang Anda Butuhkan:**
    - 1 sdt buah hawthorn kering *(Crataegus monogyna)*
    - 1 siung bawang putih mentah *(Allium sativum)*
- **Cara Penggunaan:**
    - Rebus hawthorn dalam air selama 10 menit
    - Makan bawang putih mentah atau hancurkan dan diamkan selama 10 menit sebelum ditelan
- **Khasiat:** Memperkuat otot jantung, membuka arteri, menurunkan tekanan darah

Obat 2: Teh Sirkulasi Cayenne-Jahe

- **Apa yang Anda Butuhkan:**
  - ¼ sdt cabai rawit *(Capsicum annuum)*
  - ½ sdt jahe parut *(Zingiber officinale)*

- **Cara Penggunaan:**
  - Seduh dalam air panas selama 5 menit, minum sekali sehari (paling baik diminum di pagi hari)
- **Khasiat:** Melancarkan aliran darah, memecah pembuluh darah yang lambat, dan membersihkan penyumbatan.
  Hati-hati jika mengonsumsi obat pengencer darah.

Obat 3: Kastanye Kuda + Sapu Jagal untuk Varises

- **Dosis:**
  - Horse Chestnut: ekstrak 300 mg (dengan aescin) dua kali sehari *(Aesculus hippocastanum)*
  - Sapu Jagal: 150 mg dua kali sehari *(Ruscus aculeatus)*
- **Khasiat :** Mengurangi pembengkakan, menguatkan pembuluh darah, mencegah penggumpalan darah

Wawasan Penyembuhan: Jaga Aliran Sungai Tetap Mengalir

Ketika darah berhenti mengalir, kehidupan terasa melambat. Banyak yang menderita penyumbatan—di jantung dan jiwa.
Kepahitan menyumbat urat nadi kedamaian.
Kesedihan mengeraskan dinding harapan. Ketakutan mencekik ritme kegembiraan.

Namun, Tuhan ahli dalam membuka hal-hal yang telah mengeras dalam hidup. Dia berkata,
"Aku akan menjauhkan hatimu yang keras dan memberikan kepadamu hati yang taat." (Yehezkiel 36:26)
Jantungmu masih bisa diperbaiki. Ia bisa berdetak kencang lagi — secara fisik, emosional, dan spiritual.

Kisah Penyembuhan – India & Jamaika

Pemulihan Jantung Sunil – Mumbai, India

Sunil, 52 tahun, mengalami sesak dada dan palpitasi konstan. Dokter memperingatkan adanya penyempitan arteri tahap awal. Seorang pendeta memperkenalkannya pada tanaman hawthorn dan bawang putih, serta jalan kaki setiap hari dan membacakan deklarasi Mazmur 73.
"Setiap hari, saya merasakan Tuhan memijat hati saya agar kembali hidup. Sekarang, saya berlari dengan sukacita."

Kesaksian Marsha tentang Sirkulasi Darah – Montego Bay, Jamaika.

Marsha, 41, berjuang melawan varises yang menonjol setelah kehamilan ketiganya. Karena malu, ia menyembunyikannya selama bertahun-tahun. Namun, saat mengikuti tantangan penyembuhan di gerejanya, ia memulai rutinitas minum cabai rawit dan jahe, ekstrak kastanye kuda, dan jalan-jalan pujian di malam hari.
3 bulan kemudian, pembengkakannya berkurang drastis.
"Bukan hanya kakiku yang terbuka — tapi juga imanku."

Doa untuk Kesembuhan

Bapa dari setiap detak jantung,
kuserahkan hatiku kepada-Mu — secara fisik dan

emosional. Bersihkan setiap tempat yang tersumbat. Biarkan sungai kehidupan-Mu mengalir bebas di pembuluh darahku. Kuatkan otot-otot jantungku. Tenangkan setiap ritme yang tak teratur. Biarkan sirkulasi kembali. Biarkan energi meningkat. Biarkan sukacita kembali berdenyut. Hatiku milik-Mu — teguh, kuat, dan pulih. Dalam nama Yesus, Amin.

Deklarasi Penyembuhan Harian

Hatiku kuat.
Arteriku terbuka. Vena-venaku jernih. Sungai kehidupan mengalir dalam diriku tanpa hambatan.
Tak ada gumpalan darah, tak ada jantung berdebar, tak ada rasa takut.
Tuhan tinggal di hatiku — dan di mana Dia tinggal, kehidupan mengalir! Amin.

Titik Aksi

- Pilih satu herba untuk mendukung jantung Anda (hawthorn, bawang putih) dan satu herba untuk melancarkan peredaran darah (jahe, cabai rawit, sapu jagal)
- Mulailah jalan-jalan jantung selama 15 menit setiap hari sambil mengucapkan kehidupan kepada tubuh Anda
- Hindari gula rafinasi dan lemak jahat selama 3 hari — pilih makanan yang baik untuk jantung (alpukat, sayuran berdaun hijau, oat)

Jurnal Prompt

- Di mana kesedihan, ketakutan, atau kekecewaan telah "menyumbat" hati emosional atau spiritual saya?

- Seperti apakah rasanya jika kita hidup dengan hati yang gembira dan tidak tersumbat lagi?

Pertanyaan Diskusi Kelompok Penyembuhan

1. Faktor spiritual dan emosional apa yang dapat memengaruhi kesehatan jantung fisik kita?
2. Bagaimana Anda mengatasi musim-musim yang terasa berat, sesak, atau kehilangan aliran?
3. Bagikan kesaksian di mana sukacita kembali kepada Anda setelah patah hati.

Momen Refleksi

Letakkan tanganmu di dada dan nyatakan:

Jantungku berdetak seirama surga. Setiap katup, setiap pembuluh, setiap detak—dalam tatanan ilahi, dalam kedamaian ilahi. Kini aku menerima kesembuhan.

Hari ke-22 – Penyembuhan Rambut Rontok & Gangguan Kulit Kepala (Kebotakan, Ketombe, Kulit Kepala Gatal atau Terinfeksi)

"Bahkan rambut di kepalamu pun terhitung — dan Tuhan tidak melupakan satu pun."

Fokus Kitab Suci

"Bahkan rambut kepalamu pun terhitung semuanya." — Matius 10:30 (TB)

"Ia akan memulihkan kepadamu tahun-tahun yang hasilnya dimakan habis oleh belalang." — Yoel 2:25 (TB)

"Sebagai ganti rasa malu... engkau akan menerima bagian dua kali lipat." — Yesaya 61:7 (TB)

Tantangan Kesehatan Global

Kerontokan rambut memengaruhi lebih dari **60% pria** dan **50% wanita** di seluruh dunia pada suatu titik dalam hidup mereka. Penyebabnya beragam, mulai dari genetika dan stres hingga kekurangan nutrisi, ketidakseimbangan tiroid, perubahan hormonal (seperti setelah melahirkan), dan kondisi autoimun.

Gangguan kulit kepala seperti **dermatitis seboroik, ketombe, psoriasis, infeksi jamur, dan alopecia** semakin umum terjadi — sering kali diperburuk oleh produk yang keras, racun, kebersihan yang buruk, atau trauma yang tidak kunjung sembuh.

Namun Tuhan melihat bahkan folikel terkecil sekalipun. Anda tidak dilupakan. Penyembuhan sedang datang — dari **akar hingga mahkota** .

Obat Penyembuhan dari Penciptaan

Rosemary (*Rosmarinus officinalis*) – Meningkatkan pertumbuhan dan sirkulasi rambut

Amla (*Phyllanthus emblica*) – Memperkuat akar, mencegah uban prematur

Neem (*Azadirachta indica*) – Anti jamur, pembersih kulit kepala

Biji Klabet (*Trigonella foenum-graecum*) – Obat ketombe & perangsang pertumbuhan kembali

Jus Bawang – Merangsang pertumbuhan kembali, meningkatkan kekuatan folikel

Minyak Jarak (*Ricinus communis*) – Kaya akan asam risinoleat untuk menebalkan rambut

Ramuan 1: Infus Minyak Rambut Rosemary + Amla

- **Apa yang Anda Butuhkan:**
  - 2 sdm minyak kelapa atau minyak jarak
  - 1 sdt rosemary kering *(Rosmarinus officinalis)*
  - 1 sdt bubuk amla *(Phyllanthus emblica)*
- **Cara Persiapan & Penggunaan:**
  - Panaskan minyak sedikit, campurkan dengan bumbu
  - Pijatkan ke kulit kepala 2–3x seminggu dan diamkan selama 30 menit sebelum dicuci
- **Khasiat:** Merangsang aliran darah ke kulit kepala, menutrisi folikel, mencegah kerusakan

Obat 2: Masker Penumbuh Rambut Fenugreek & Bawang Bombay

- **Apa yang Anda Butuhkan:**
  - 2 sdm biji fenugreek yang direndam semalaman *(Trigonella foenum-graecum)*

- 1 bawang bombay kecil (ambil sarinya)

- **Cara Penggunaan:**
  - Campur fenugreek hingga menjadi pasta, tambahkan jus bawang bombay
  - Oleskan pada kulit kepala selama 30–45 menit setiap minggu sebelum dicuci
- **Khasiat:** Mengurangi ketombe, meningkatkan oksigenasi folikel, mendorong pertumbuhan kembali

Catatan: Bawang memiliki bau yang kuat — bilas hingga bersih dengan air lemon.

Obat 3: Perawatan Kulit Kepala dengan Nimba + Lidah Buaya

- **Apa yang Anda Butuhkan:**
  - 1 sdm bubuk nimba atau daun nimba yang dihancurkan *(Azadirachta indica)*
  - 2 sdm gel lidah buaya segar
- **Cara Penggunaan:**
  - Campurkan hingga menjadi pasta, oleskan pada kulit kepala yang gatal/meradang selama 20 menit, bilas
- **Khasiat:** Menenangkan peradangan, mengobati infeksi kulit kepala, mengurangi rasa gatal

Wawasan Penyembuhan: Kemuliaan Tumbuh Kembali

Dalam Kitab Suci, rambut sering kali melambangkan **kemuliaan, kekuatan, dan pengudusan** (lihat Simson, nazar orang Nazir, atau perempuan yang menyeka kaki Yesus).

Kerontokan rambut saat ini mungkin bersifat eksternal, tetapi sering kali membawa rasa malu, rasa tidak nyaman, atau duka yang mendalam.

Biarkan hari ini menjadi deklarasi Anda:
"Tuhan sedang memulihkan tudungku."
"Kepalaku tak akan tertunduk lagi."
"Akarku diberkati. Mahkotaku sedang pulih."

Kisah Penyembuhan – Nigeria & Brasil

Kejayaan Bola Dipulihkan – Ibadan, Nigeria

Setelah melahirkan, Bola menyadari kerontokan rambut yang mengkhawatirkan. Dokter menduga stres dan perubahan hormon. Seorang teman memperkenalkannya pada minyak amla-rosemary dan doa. Ia mengurapi kulit kepalanya sambil membaca Yesaya 61 setiap hari. *"Setiap helai menjadi simbol pemulihan. Rambutku tumbuh, begitu pula rasa percaya diriku."*

Terobosan Paulo – Recife, Brasil

. Pada usia 36 tahun, Paulo mengalami kebotakan akibat alopecia areata. Karena malu, ia mengenakan topi ke gereja dan berhenti melayani di atas panggung. Namun, sebuah pesan dari pendetanya — *"Tuhan sedang memulihkan mahkotamu"* — mengubah segalanya. Ia mulai menggunakan masker mimba dan lidah buaya, menulis jurnal setiap hari, dan berhenti bersembunyi.
"Rambutku tidak hanya tumbuh kembali — keberanianku juga."

Doa untuk Kesembuhan

Tuhan,
Engkau tahu jumlah rambut di kepalaku. Engkau peduli dengan apa yang mungkin dianggap remeh oleh orang lain. Sentuhlah setiap akarnya. Bersihkan kulit kepalaku. Tolak infeksi, peradangan, dan gangguan. Pulihkan apa yang telah diambil oleh stres dan rasa malu. Biarkan kemuliaanku

kembali — secara nyata dan rohani. Aku menerima pembaruan dari dalam ke luar. Dalam nama Yesus, Amin.

Deklarasi Penyembuhan Harian

Kulit kepalaku sembuh.

Akar rambutku ternutrisi. Rambutku tumbuh kuat, lebat, dan sehat. Setiap folikel merespons perintah ilahi. Aku menolak rasa malu, aku merangkul pemulihan. Mahkotaku kembali—dalam keindahan dan kekuatan. Amin!

Titik Aksi

- Pilih satu perawatan (Pijat minyak, Masker rambut, atau Detoks kulit kepala Neem) dan gunakan dua kali seminggu
- Ucapkan kata-kata positif atas refleksi Anda selama 7 hari — tidak ada rasa malu, hanya iman
- Beralihlah ke sampo bebas bahan kimia atau produk perawatan rambut alami jika memungkinkan

Jurnal Prompt

- Bagaimana kerontokan rambut atau penampilan memengaruhi kepercayaan diri atau tujuan saya?
- Bagi saya, bagaimana rasanya berjalan dalam *kemuliaan yang dipulihkan* hari ini?

Pertanyaan Diskusi Kelompok Penyembuhan

1. Mengapa kita sering mengabaikan atau meremehkan dampak emosional dari kerontokan rambut?
2. Apa saja kesaksian alkitabiah atau pribadi tentang identitas dan kepercayaan diri yang dipulihkan?

3. Bagaimana tubuh Kristus dapat meneguhkan keindahan dan penyembuhan melampaui penampilan?

Momen Refleksi
Berdirilah di depan cermin, sentuh kepala Anda dengan lembut, dan nyatakan:
Kemuliaanku kembali. Kulit kepalaku diberkati. Aku tak terlupakan—bahkan folikel rambutku pun berharga bagi Tuhan.

Hari ke-23 – Penyembuhan Vertigo & Gangguan Keseimbangan + Tinnitus (Telinga Berdenging)

"Allah akan membuat kakimu kokoh, pendengaranmu tenang, dan kehidupanmu seimbang kembali."

Fokus Kitab Suci
"Dia membuat kakiku seperti kaki rusa, dan membuat aku berdiri di tempat yang tinggi." — Mazmur 18:33 (NIV)
"Diam, tenanglah!" — Markus 4:39 (NIV)
"Kamu akan keluar dengan sukacita dan akan dituntun dengan damai." — Yesaya 55:12 (NIV)

Tantangan Kesehatan Global

Vertigo dan gangguan keseimbangan memengaruhi lebih dari **30% orang** di beberapa titik, terutama lansia. Kondisi ini dapat disebabkan oleh masalah telinga bagian dalam (disfungsi vestibular), ketidakseimbangan neurologis, infeksi, trauma, atau peradangan. Banyak yang merasa seperti berputar, bergoyang, atau hampir jatuh.
Tinnitus , bunyi dengung atau suara berdenging terus-menerus di telinga, memengaruhi lebih dari **750 juta orang di seluruh dunia** , sering dikaitkan dengan kerusakan pendengaran, masalah saraf, kecemasan, atau infeksi telinga.
Kondisi-kondisi ini mengganggu kehidupan sehari-hari — namun, Tuhan adalah **Tuhan ketenangan, keselarasan, dan kejelasan** .

Obat Penyembuhan dari Penciptaan

Ginkgo Biloba (***Ginkgo biloba*** **)** – Meningkatkan sirkulasi telinga bagian dalam, menenangkan tinitus
Jahe (***Zingiber officinale*** **)** – Mengurangi mual dan vertigo
Makanan kaya magnesium – Mendukung fungsi saraf dan keseimbangan **Kemangi Suci (** ***Ocimum sanctum*** **)** – Menenangkan sistem saraf
Cuka Sari Apel – Menyeimbangkan hubungan usus dan telinga
Minyak esensial (Lavender, Peppermint) – Untuk pusing dan kejernihan

Ramuan 1: Teh Herbal Penyeimbang Jahe + Ginkgo

- **Apa yang Anda Butuhkan:**
  - 1 sdt parutan jahe *(Zingiber officinale)*
  - 1 sendok teh daun ginkgo biloba kering *(Ginkgo biloba)*
- **Cara Penggunaan:**

- Rebus bersama dalam 1½ gelas air selama 10–15 menit, saring
    - Minum sekali sehari di pagi hari
- **Efek:** Meningkatkan sirkulasi, mengurangi pusing, mendukung pemulihan vestibular

Obat 2: Minyak Lavender untuk Meredakan Pusing

- **Apa yang Anda Butuhkan:**
    - 2 tetes minyak lavender
    - Minyak pembawa (kelapa atau almond)
- **Cara Penggunaan:**
    - Pijat di belakang telinga dan pelipis setiap hari
- **Efek:** Menghilangkan ketegangan, meningkatkan ketenangan dan kedamaian

Ramuan 3: Smoothie Detoks Kemangi Suci & Magnesium

- **Apa yang Anda Butuhkan:**
    - Segenggam bayam (magnesium)
    - 1 sdt bubuk kemangi suci *(Ocimum sanctum)*
    - 1 buah pisang, susu almond, es batu
- **Cara Penggunaan:**
    - Campurkan dan minum setiap hari untuk mengembalikan keseimbangan sistem saraf

Wawasan Penyembuhan: Ketika Hidup Terasa Tidak Seimbang

Entah itu pusing fisik, ketidakstabilan emosi, atau pikiran yang berputar-putar — Tuhan tahu cara memulihkan keseimbangan.

Ketika Yesus meredakan badai, Dia tidak hanya menegur

ombak — **Dia membawa kedamaian bagi *orang-orang* di dalam perahu.**
Jika tubuh atau hidup Anda terasa bergoyang...
Yesus berkata: "Damai sejahtera, tenanglah."
Engkau teguh. Engkau teguh. Engkau tak akan jatuh.

Kisah Penyembuhan – Yunani & Filipina

Mukjizat Vertigo Maria – Thessaloniki, Yunani

Maria, 60 tahun, tidak bisa berjalan melintasi ruangan tanpa merasa pusing. Dokter mengatakan itu adalah kerusakan vestibular yang berkaitan dengan usia. Ia mulai berdoa setiap hari dengan teh jahe-ginkgo dan daun kemangi suci. Saat beribadah di suatu hari Minggu, ia tiba-tiba berdiri dan menari.

"Untuk pertama kalinya selama bertahun-tahun, saya masih — di dalam dan di luar."

Terobosan Tinitus Erik – Cebu, Filipina

Setelah bertahun-tahun bekerja di bidang konstruksi, Erik mengalami telinga berdenging kronis. Ia tidak bisa tidur atau berkonsentrasi. Ia beralih ke ekstrak ginkgo dan minyak lavender, dipadukan dengan meditasi kitab suci di tengah malam.

"Suatu malam, saya menyadari kebisingan itu telah hilang — tidak hanya di telinga saya, tetapi juga di hati saya."

Doa untuk Kesembuhan

Tuhan Damai,
Engkau menenangkan apa yang goyah dan membungkam apa yang menjerit.
Tenangkanlah tubuh dan pikiranku.
Biarkan keseimbangan kembali ke telinga batin, saraf, dan jiwaku. Biarkan denging berhenti. Biarkan jalanku kokoh.

Di mana hidup terasa kehilangan arah — hadirkanlah penyelarasan ilahi. Dalam nama Yesus, Amin.

Deklarasi Penyembuhan Harian

Keseimbanganku pulih.

Telingaku tenang. Tubuhku stabil. Setiap sinyal di otak dan telingaku selaras dengan perintah Tuhan. Aku berjalan dengan damai. Aku mendengar dengan tenang. Aku bergerak dengan kekuatan. Amin!

Titik Aksi

- Cobalah teh jahe-ginkgo setiap hari selama 3 hari ke depan
- Pijat minyak lavender di belakang telinga sebelum tidur
- Hilangkan sumber kebisingan keras atau polusi EMF dari lingkungan Anda (jika memungkinkan)

Jurnal Prompt

- Di bagian mana dalam hidup saya — secara fisik atau spiritual — saya merasa "tidak seimbang"?
- Bagaimana Yesus memulihkan ketenangan dalam diriku di masa lalu, dan di mana aku membutuhkannya lagi?

Pertanyaan Diskusi Kelompok Penyembuhan

1. Mengapa keseimbangan (fisik/emosional/spiritual) sangat penting dalam kehidupan Kristen?
2. Bagaimana kedamaian dan ketenangan dapat menjadi bagian dari rutinitas penyembuhan kita?

3. Apa artinya "berjalan dengan tenang" ketika dunia berputar?

Momen Refleksi
Berdirilah perlahan, tutup mata Anda, rentangkan tangan Anda, dan nyatakan:
Aku berakar. Aku teguh. Aku takkan jatuh. Damai sejahtera Kristus mengatur keseimbangan dan tubuhku. Amin.

Hari ke-24 – Penyembuhan dari Sembelit & Kembung + Infeksi Saluran Kemih (ISK) & Kelemahan Kandung Kemih

"Biarkan setiap sistem mengalir dengan lancar, dan setiap racun dibuang oleh sungai Tuhan yang memberi kehidupan."

Fokus Kitab Suci

"Dari dalam perutmu akan mengalir sungai-sungai air hidup." — Yohanes 7:38 (TB)
"Maka Allah menyembuhkan air itu... dan tidak ada lagi kematian atau kemandulan." — 2 Raja-raja 2:21 (TB)
"Aku akan menyingkirkan penyakit dari tengah-tengahmu." — Keluaran 23:25 (TB)
"Tubuhmu adalah bait Roh Kudus." — 1 Korintus 6:19 (TB)

Tantangan Kesehatan Global

Konstipasi dan kembung termasuk di antara 10 **gangguan pencernaan paling umum di seluruh dunia** , memengaruhi lebih dari **1 miliar orang** — banyak di antaranya disebabkan oleh pola makan yang buruk, dehidrasi, gaya hidup yang kurang gerak, atau stres. Kondisi-kondisi ini menciptakan penumpukan racun yang memengaruhi energi, kulit, kejernihan mental, dan kekebalan tubuh.

Infeksi saluran kemih (ISK) memengaruhi lebih dari **150 juta orang setiap tahunnya** , terutama perempuan. ISK dapat menyebabkan nyeri saat buang air kecil, nyeri panggul, urgensi, dan risiko ginjal jika tidak ditangani.

Kelemahan dan inkontinensia kandung kemih juga meningkat seiring bertambahnya usia dan melahirkan, yang seringkali tidak ditangani karena rasa malu.
Namun di kerajaan Tuhan, **tidak ada yang macet** , tidak ada yang "terlalu pribadi" untuk penyembuhan, dan **Dia merancang tubuh kita untuk mengalir, bukan frustrasi** .

Obat Penyembuhan dari Penciptaan

Psyllium Husk (***Plantago ovata*** **)** – Serat alami yang lembut untuk membersihkan usus.
Aloe Vera Juice – Anti-inflamasi dan penenang usus besar.
Fennel Seeds (***Foeniculum vulgare*** **)** – Mengurangi gas dan kembung.
Dandelion Root (***Taraxacum officinale*** **)** – Diuretik, mendukung ginjal dan kandung kemih.
Cranberry (***Vaccinium macrocarpon*** **)** – Mencegah bakteri penyebab ISK menempel.
Parsley (***Petroselinum crispum*** **)** – Diuretik alami dan pembersih kandung kemih.
Marshmallow Root (***Althaea officinalis*** **)** – Menenangkan lapisan saluran kemih.

Obat 1: Minuman Pembersih Usus Pagi

- **Apa yang Anda Butuhkan:**
  - 1 sdm sekam psyllium *(Plantago ovata)*
  - ½ gelas air hangat + 1 sdt madu + 1 sdm jus lidah buaya
- **Cara Penggunaan:**
  - Campur dan minum segera di pagi hari sebelum makan

- **Khasiat:** Melancarkan buang air besar, membersihkan usus besar, meredakan peradangan *Minum banyak air sepanjang hari untuk mendukung efektivitas.*

Obat 2: Teh untuk Membersihkan ISK

- **Apa yang Anda Butuhkan:**
    - 1 sdt akar dandelion kering *(Taraxacum officinale)*
    - 1 sdt peterseli kering *(Petroselinum crispum)*
    - Opsional: 1 sdt bubuk cranberry *(Vaccinium macrocarpon)*
- **Cara Penggunaan:**
    - Rebus dalam 2 gelas air selama 10 menit. Saring dan minum selagi hangat 2x sehari.
- **Khasiat:** Membersihkan saluran kemih, mencegah penumpukan bakteri, mengurangi peradangan

Obat 3: Kunyah Biji Adas untuk Mengatasi Kembung

- **Apa yang Anda Butuhkan:**
    - 1 sdt biji adas *(Foeniculum vulgare)*
- **Cara Penggunaan:**
    - Kunyah perlahan setelah makan
- **Khasiat:** Meredakan gas, melancarkan pencernaan, meredakan tekanan perut

Wawasan Penyembuhan: Tuhan Menciptakan Anda untuk Mengalir

Ketika sistem melambat atau kembali normal, itu lebih dari sekadar ketidaknyamanan fisik — itu mencerminkan **gangguan dalam aliran ilahi** .

Rancangan Tuhan bukanlah sembelit, stagnasi, atau ketegangan. Dia menciptakan tubuhmu untuk **membuang**

racun , kandung kemihmu untuk **membuang limbah** , dan jiwamu untuk **bergerak bebas** .
Yesus berkata,
"Dari dalam perutmu akan mengalir sungai-sungai..."
Biarlah hari ini menjadi hari di mana sungai-sungai itu mulai mengalir lagi — secara rohani dan fisik.

Kisah Penyembuhan – Kenya & Italia

Kebebasan Beatrice dari Rasa Malu – Nairobi, Kenya

Beatrice, 42, berjuang melawan kebocoran kandung kemih setelah melahirkan. Karena terlalu malu untuk memberi tahu siapa pun, ia berhenti menghadiri gereja. Namun, sebuah retret perempuan mengubah segalanya. Ia belajar tentang teh peterseli, doa-doa penguatan panggul, dan rahmat Tuhan atas area pribadinya.
"Saya merasa malu meninggalkan tubuh saya bahkan sebelum proses penyembuhan selesai. Sekarang, saya beribadah dengan bebas."

Pemulihan Pencernaan Marco – Florence, Italia

Marco, 35, bertahun-tahun menderita kembung dan usus lamban. Dokter menawarkan obat pencahar, tetapi ia menginginkan kelegaan yang bertahan lama. Ia memulai siklus 7 hari pembersihan dengan psyllium-lidah buaya, puasa ringan, dan jalan pagi untuk berdoa.
"Ketika saya mengosongkan yang lama — baik secara rohani maupun fisik — saya merasa hidup kembali."

Doa untuk Kesembuhan

Bapa Surgawi,
aku menerima aliran ilahi-Mu ke dalam setiap sistem tubuhku. Di mana ada penyumbatan — lepaskan. Di mana ada peradangan — pulihkan. Sentuh saluran pencernaanku,

organ kemihku, dan tempat-tempat yang terlalu pribadi untuk diucapkan. Buang apa yang tidak seharusnya dan perbarui energi dan ketenanganku. Aku menyatakan tubuhku bekerja sebagaimana yang telah Kau rancangkan. Dalam nama Yesus, Amin.

Deklarasi Penyembuhan Harian

Tubuhku mengalir dalam tatanan ilahi.
Ususku bergerak dengan lancar.
Kandung kemihku kuat dan stabil.
Tak ada racun yang tersisa di dalamku. Tak ada rasa sakit yang tersembunyi. Aku bersih, aku bebas, aku sembuh. Amin!

Titik Aksi

- Cobalah pembersihan pagi psyllium atau kunyahan biji adas setelah makan berikutnya
- Buat teh kandung kemih 2 hari dan padukan dengan 2 liter air setiap hari
- Letakkan tangan di perut Anda dan ucapkan ayat penyembuhan di bagian tengah tubuh Anda

Jurnal Prompt

- Apa yang saya pegang — secara fisik atau emosional — yang perlu dilepaskan?
- Bagaimana rasa malu pernah menghalangi penyembuhan saya, dan kebenaran apa yang Tuhan sampaikan hari ini?

Pertanyaan Diskusi Kelompok Penyembuhan

1. Mengapa kita sering mengabaikan atau menyembunyikan masalah pencernaan dan saluran kemih di ruang ibadah?
2. Apa artinya melepaskan — dalam tubuh dan jiwa?
3. Bagaimana kita dapat saling mendorong untuk menerapkan penyembuhan dalam setiap sistem kehidupan?

Momen Refleksi

Duduklah dengan nyaman, tarik napas dalam-dalam, dan tekan perut bagian bawah Anda dengan lembut.
Nyatakan:
"Aku bebas mengalir. Tubuhku melepaskan racun. Sistem tubuhku pulih. Aku berjalan dalam ketenangan ilahi."

Hari ke-25 – Penyembuhan Asam Urat + Gangguan Kantung Empedu (Batu Empedu, Peradangan, Aliran Empedu Lambat)

Tuhan sedang menyingkirkan sengat dari sendi-sendimu dan penyumbatan dari tubuhmu. Rasa sakit punya jalan keluar. Kebebasan punya aliran.

Fokus Kitab Suci

"Ia menyembuhkan orang yang patah hati dan membalut luka-luka mereka." — Mazmur 147:3 (NIV)
"Ia membawa mereka keluar… dan tidak ada yang lemah di antara mereka." — Mazmur 105:37 (KJV)
"Hati yang gembira adalah obat yang manjur, tetapi semangat yang patah mengeringkan tulang." — Amsal 17:22 (NIV)
"Muliakanlah Tuhan dengan tubuhmu…" — 1 Korintus 6:20 (NIV)

Tantangan Kesehatan Global

Asam urat adalah jenis artritis yang menyakitkan akibat **penumpukan asam urat** dalam darah, yang mengkristal di persendian—terutama jempol kaki, lutut, atau jari tangan. Lebih dari **41 juta orang** menderita asam urat di seluruh dunia, dan dampaknya diperparah oleh pola makan tinggi protein, minuman manis, stres, dan disfungsi ginjal. **Gangguan kandung empedu** memengaruhi lebih dari **25 juta orang di seluruh dunia** , dengan **batu empedu** terbentuk akibat ketidakseimbangan kolesterol, peradangan, obesitas, atau aliran empedu yang lambat. Masalah kandung empedu dapat menyebabkan nyeri perut bagian atas, gangguan pencernaan, mual, dan bahkan komplikasi hati.

Obat Penyembuhan dari Penciptaan

Untuk Asam Urat:

- **Biji Seledri (** ***Apium graveolens*** **)** – Mengurangi penumpukan asam urat
- **Ceri / Jus Ceri** – Antiinflamasi & penetral asam urat
- **Akar Dandelion (** ***Taraxacum officinale*** **)** – Detoksifikasi hati, mendukung fungsi ginjal
- **Air Lemon** – Menjadikan tubuh basa dan mendukung ekskresi asam urat
- **Akar Burdock (** ***Arctium lappa*** **)** – Membersihkan darah, membantu membersihkan asam urat

Untuk Kesehatan Kantung Empedu:

- **Milk Thistle (** ***Silybum marianum*** **)** – Pelindung hati, meningkatkan produksi empedu
- **Daun Artichoke (** ***Cynara scolymus*** **)** – Merangsang empedu, mencegah pembentukan batu empedu
- **Kunyit (** ***Curcuma longa*** **)** – Mengurangi peradangan, mendukung hati dan kantong empedu
- **Cuka sari apel** – Membuat empedu menjadi basa, melunakkan batu empedu
- **Peppermint (** ***Mentha piperita*** **)** – Meredakan nyeri pencernaan dan melancarkan aliran empedu

Obat 1: Jus Detoks Asam Urat

- **Apa yang Anda Butuhkan:**
    - 1 cangkir jus ceri segar atau ½ cangkir ceri

- ½ air jeruk lemon
    - 1 batang seledri
    - 1 potong kecil jahe segar
- **Cara Penggunaan:**
    - Campur dan minum sekali sehari selama 7-10 hari
- **Khasiat :** Menurunkan asam urat, mengurangi peradangan, menunjang penyaringan ginjal

Obat 2: Teh Pembersih Empedu

- **Apa yang Anda Butuhkan:**
    - 1 sdt milk thistle kering *(Silybum marianum)*
    - 1 sdt daun artichoke *(Cynara scolymus)*
    - Opsional: sejumput kunyit dan lemon
- **Cara Penggunaan:**
    - Seduh dalam air panas selama 10 menit. Minum setelah makan.
- **Khasiat :** Meningkatkan empedu, melancarkan pencernaan, mencegah batu empedu

Obat 3: Pelunak Batu Empedu dengan Cuka Apel

- **Apa yang Anda Butuhkan:**
    - 1 sdm cuka sari apel
    - 1 gelas air hangat + irisan lemon
- **Cara Penggunaan:**
    - Minum 30 menit sebelum makan setiap hari selama 7–14 hari
- **Khasiat:** Melunakkan batu empedu, membersihkan saluran empedu dengan lembut, menyeimbangkan pH kandung empedu

Wawasan Penyembuhan: Kepahitan dalam Tubuh

Asam urat sering menyerang kaki — **tempat yang seharusnya membawa kita** . Batu empedu terbentuk di kantong empedu — **tempat yang seharusnya mengalirkan cairan empedu pencernaan dengan bebas** .

Keduanya menggambarkan apa yang terjadi ketika **terlalu banyak yang disimpan** — asam urat, kolesterol, kemarahan, stres.

Yesus tidak hanya menyembuhkan; Dia juga **menyucikan** . Dia menyingkirkan apa yang tidak seharusnya—secara rohani dan jasmani.

Biarlah hari ini menjadi detoksifikasi—dari dalam ke luar.

Tuhan, siramilah kepahitan itu. Pulihkan alirannya. Biarlah sendi-sendiku bersukacita dan organ-organku bernyanyi kembali.

Kisah Penyembuhan – Afrika Selatan & Sri Lanka

Penyembuhan Dumisani dari Asam Urat – Johannesburg, Afrika Selatan

Dumisani adalah seorang pensiunan guru yang tidak bisa lagi berjalan tanpa bantuan karena kambuhnya asam urat kronis. Setelah panggilan doa, ia memulai detoksifikasi biji seledri dan jus ceri sambil membaca Mazmur 105 setiap hari. Dalam tiga minggu, pembengkakannya berkurang. Suatu pagi, ia melangkah—lalu berjalan—lalu menari dalam penyembahan.

"Setiap langkah adalah sebuah deklarasi. Aku tak lagi terikat oleh rasa sakit!"

Operasi Pembalikan Batu Empedu Priya – Kandy, Sri Lanka

Priya dijadwalkan menjalani operasi kandung empedu ketika seorang teman berbagi resep cuka sari apel dan teh

kunyit. Ia berpuasa dan berdoa bersama kelompok serumahnya selama 7 hari. Seminggu kemudian, hasil pemindaian lanjutan tidak menunjukkan tanda-tanda penyumbatan.
Rasa sakit itu hilang dariku, begitu pula rasa takutku. Tuhan menyembuhkan apa yang telah ditinggalkan para dokter.

Doa untuk Kesembuhan

Jehovah Rapha,
sentuhlah sendi-sendiku, organ-organku, dan setiap sistem yang dirancang untuk mengalir. Hancurkan batu-batu—fisik dan spiritual—yang menghalangi penyembuhanku. Buang rasa sakit, racun, dan stagnasi. Pulihkan kakiku agar bisa berjalan lagi. Pulihkan perutku agar bisa mencerna lagi. Aku menerima aliran Roh-Mu yang menyucikan.
Dalam nama Yesus, Amin.

Deklarasi Penyembuhan Harian

Sendi-sendiku bebas nyeri.
Kantung empeduku sembuh. Tak ada batu yang dapat menghentikan apa yang sedang Tuhan siramkan. Aku berjalan dengan kekuatan. Aku mencerna dengan damai. Darahku bersih. Empeduku mengalir. Tubuhku selaras dengan penyembuhan ilahi. Amin!

Titik Aksi

- Cobalah **Jus Detoks Asam Urat** atau **Teh Kantung Empedu** pagi ini
- Tambahkan air lemon atau ACV ke rutinitas hidrasi harian Anda
- Berdoa sambil berjalan — kembalikan gerakan sebagai tindakan penyembuhan

Jurnal Prompt

- "Penumpukan" emosional atau fisik apa yang telah saya alami yang perlu dibuang?
- Di mana Tuhan mengundang saya ke dalam aliran yang lebih besar — secara fisik dan spiritual?

Pertanyaan Diskusi Kelompok Penyembuhan

1. Bagaimana stres yang belum teratasi atau hambatan spiritual terwujud dalam kesehatan fisik kita?
2. Pernahkah Anda atau seseorang yang Anda kenal mengalami penyembuhan dari peradangan atau batu empedu?
3. Apa saja cara detoksifikasi yang sehat secara rohani dan fisik?

Momen Refleksi

Berdirilah dengan tangan di perut dan telapak kaki rata. Nyatakan:

"Tak ada stagnasi dalam diriku. Tuhan sedang membersihkan setiap batu, setiap racun, setiap rasa sakit. Aku berjalan dalam kebebasan."

Hari ke-26 – Penyembuhan Sindrom Kelelahan Kronis (CFS) + Kelelahan Adrenal / Kelelahan

"Engkau akan bangkit dengan kekuatan baru. Tuhan sedang memperbarui mesinmu. Apimu takkan padam."

Fokus Kitab Suci

"Orang-orang yang menanti-nantikan Tuhan akan mendapat kekuatan baru… mereka akan berlari dan tidak akan menjadi lelah." — Yesaya 40:31 (TB)
"Marilah kepada-Ku, semua yang letih lesu dan berbeban berat, Aku akan memberi kelegaan kepadamu." — Matius 11:28 (TB)
"Sukacita karena Tuhan adalah kekuatanmu." — Nehemia 8:10 (TB)
"Diamlah dan ketahuilah, bahwa Akulah Allah." — Mazmur 46:10 (TB)

Tantangan Kesehatan Global

Sindrom Kelelahan Kronis (CFS) memengaruhi lebih dari **100 juta orang di seluruh dunia** , namun masih banyak disalahpahami. Sindrom ini bermanifestasi sebagai kelelahan yang terus-menerus dan tidak dapat dijelaskan yang tidak membaik dengan istirahat. Penderita CFS sering merasa kelelahan, disorientasi, lemah, atau pikiran berkabut — terkadang selama berbulan-bulan atau bertahun-tahun. **Kelelahan Adrenal** , meskipun tidak diklasifikasikan secara resmi dalam pengobatan arus utama, diakui secara luas dalam pengobatan fungsional. Kelelahan ini disebabkan oleh stres berkepanjangan, kelelahan, kerja berlebihan, kesedihan, trauma, atau kurang tidur. Kelenjar adrenal kesulitan memproduksi kortisol yang cukup, membuat orang merasa seperti baterai internal mereka mati.

Ini bukan sekadar "kelelahan." Ini adalah **penipisan jiwa yang mendalam** — tetapi Tuhan menawarkan **kekuatan supernatural, api batin, dan vitalitas yang dipulihkan** .

Obat Penyembuhan dari Penciptaan

Ashwagandha (***Withania somnifera*** **)** – Adaptogen yang menyeimbangkan kortisol dan energi

Rhodiola Rosea – Meningkatkan daya tahan, kejernihan mental, dan stamina

Akar Licorice (***Glycyrrhiza glabra*** **)** – Mendukung fungsi adrenal

Kemangi Suci (***Ocimum sanctum*** **)** – Menenangkan respons stres dan sistem saraf

Akar Maca (***Lepidium meyenii*** **)** – Menyeimbangkan hormon, memulihkan stamina

Ginseng (***Panax ginseng*** **)** – Meningkatkan vitalitas dan energi seluler

Jamur Reishi (***Ganoderma lucidum*** **)** – Meningkatkan kekebalan tubuh dan memulihkan energi dalam

Obat 1: Tonik Pemulihan Adrenal

- **Apa yang Anda Butuhkan:**
  - ½ sdt bubuk ashwagandha *(Withania somnifera)*
  - 1 sdt akar licorice *(Glycyrrhiza glabra)*
  - 1 cangkir susu almond atau oat hangat + sedikit kayu manis
- **Cara Penggunaan:**
  - Rebus bahan-bahan dengan api kecil selama 10 menit. Nikmati pagi atau malam hari.

- **Efek:** Menenangkan kortisol, mendukung kelenjar adrenal, mendorong pembaruan sel

Obat 2: Smoothie Kekuatan Maca-Moringa

- **Apa yang Anda Butuhkan:**
  - 1 sdt bubuk akar maca *(Lepidium meyenii)*
  - 1 sdt bubuk kelor
  - 1 buah pisang, susu almond, madu, biji chia
- **Cara Penggunaan:**
  - Campurkan dan minum sebagai penambah energi di pagi hari
- **Khasiat :** Membangkitkan stamina, menyeimbangkan hormon, meningkatkan energi imun

Ramuan 3: Teh Kemangi Suci + Bernapas & Berkah

- **Apa yang Anda Butuhkan:**
  - 1 sdt kemangi suci kering *(Ocimum sanctum)*
  - Rebus dalam air selama 5–7 menit
- **Cara Penggunaan:**
  - Minum sambil mendengarkan penyembahan yang menenangkan atau menghirup janji-janji Tuhan
- **Efek:** Menghilangkan stres pada sistem saraf, mengundang ketenangan spiritual

Wawasan Penyembuhan: Kelelahan Bukanlah Akhir

Yesus sendiri **beristirahat** , menjauh dari keramaian, dan tidur siang saat badai.
Dia tidak pernah terburu-buru — dan tidak pernah kelelahan.

Namun, kita sering memaksakan diri hingga kehabisan tenaga. Ketika mesin internal kita mati, kita berseru, "Tuhan, di mana kekuatanku?"
Tuhan menjawab:
"Tunggu aku. Aku akan memperbaruinya."
"Kamu belum selesai — Aku hanya mengatur ulangmu."
Ini bukan akhir. Ini adalah awal yang baru.

Kisah Penyembuhan – Australia & Brasil
Pemulihan CFS Emily – Sydney, Australia
Emily adalah seorang pemimpin pujian yang pingsan setelah berbulan-bulan pelayanan tanpa henti, stres, dan kehilangan. Didiagnosis Sindrom Kelelahan Kronis, ia hampir tidak bisa mandi tanpa pingsan. Ia mulai mengonsumsi tonik ashwagandha setiap hari, peregangan ringan, dan meditasi doa mendalam dengan Yesaya 40. Tiga bulan kemudian, ia kembali memimpin pujian—tanpa alas kaki dan menangis.
"Saya tidak hanya mendapatkan kembali energi saya — saya menemukan ritme Tuhan lagi."

Terobosan Mateus dalam Mengatasi Kelelahan – São Paulo, Brasil.
Mateus menjalankan bisnis teknologi 60 jam seminggu dan mengalami gangguan adrenal total. Tidur 12 jam sehari, ia masih merasa kelelahan. Melalui pemulihan dari Rhodiola dan ginseng, istirahat sabat, dan menulis jurnal dengan Mazmur 46, ia perlahan-lahan memulihkan semangatnya.
"Saya berhenti mendesak dan mulai mendengarkan. Lalu kekuatan datang bagai angin."

Doa untuk Kesembuhan

Bapa yang Maha Tenang,

Engkau tidak terburu-buru — dan Engkau tidak pernah kehabisan tenaga. Pulihkanlah tubuhku yang lelah dan jiwaku yang terbakar. Sentuhlah kelenjar adrenalku, syarafku, pikiranku. Biarkan energiku kembali saat kelelahan menguasai. Biarkan api dalam diriku menyala dengan stabil — tidak dengan panik. Aku menerima istirahat ilahi, pemulihan, dan penyegaran kembali. Dalam nama Yesus, Amin.

Deklarasi Penyembuhan Harian

Aku tidak kelelahan — aku sedang dibangun kembali. Aku beristirahat dalam ritme Tuhan. Energiku meningkat. Kelenjar adrenalku pulih. Sukacitaku kembali. Aku akan berjalan, berlari, dan terbang tinggi lagi — dalam nama Yesus!

Titik Aksi

- Seduh teh kemangi suci atau ashwagandha hari ini dan duduklah dalam doa yang tenang
- Jurnal tentang satu area kehidupan di mana Anda telah "kehabisan tenaga"
- Ambil Sabat digital penuh atau atur ulang pikiran dan jiwa Anda selama 1 jam

Jurnal Prompt

- Di mana aku telah melampaui batas tanpa ada anugerah dan batas?

- Seperti apa rasanya hidup yang diberi energi oleh Tuhan, bukan hanya oleh kafein atau tekanan?

Pertanyaan Diskusi Kelompok Penyembuhan

1. Bagaimana Tuhan mengajarkan kita tentang kekuatan berkelanjutan dan istirahat yang sehat?
2. Apa saja tanda-tanda peringatan kelelahan yang sering kita abaikan?
3. Bagaimana kita dapat mendorong orang lain untuk berhenti sejenak sebelum pingsan?

Momen Refleksi

Berbaring atau duduk tegak. Tarik napas dalam-dalam dan perlahan sebanyak tiga kali. Berbisik:
"Aku beristirahat. Aku sembuh. Aku diperbarui. Kekuatanku kembali."

Hari ke-27 – Penyembuhan Diare + Keracunan Makanan

"Tuhan akan membersihkan apa yang ditanam musuh dan memulihkan kekuatan batinmu dengan tatanan ilahi."

Fokus Kitab Suci

"Jika mereka minum sesuatu yang mematikan, mereka tidak akan mendapat celaka..." — Markus 16:18 (TB)

"Tuhan akan melindungi kamu dari segala penyakit... Ia tidak akan menimpakan kepadamu penyakit-penyakit mengerikan yang kamu kenal di Mesir." — Ulangan 7:15 (TB)

"Kamu harus beribadah kepada Tuhan, Allahmu... dan Aku akan menjauhkan penyakit dari tengah-tengahmu." — Keluaran 23:25 (TB)

Tantangan Kesehatan Global

Diare masih menjadi salah satu dari **5 beban kesehatan global teratas** , terutama pada anak-anak, yang menyebabkan lebih dari **1,6 juta kematian per tahun** — sebagian besar disebabkan oleh dehidrasi, air yang tidak aman, atau makanan yang terkontaminasi. Diare seringkali dianggap enteng, tetapi dapat berakibat fatal jika diabaikan. **Keracunan makanan** juga merajalela, mempengaruhi **1 dari 10 orang setiap tahunnya** akibat bakteri (Salmonella, E. coli), virus, atau racun dalam makanan yang ditangani atau disimpan secara tidak benar.

Namun ada harapan — dalam **nutrisi yang bersih** , **tanaman penyembuh** , dan **janji Tuhan** bahwa jika Anda minum sesuatu yang mematikan, **itu tidak akan membahayakan Anda** .

Obat Penyembuhan dari Penciptaan

Daun Jambu Biji (***Psidium guajava*** **)** – Menghentikan diare, antibakteri, memperkuat usus
Arang Aktif – Mengikat racun dan membuangnya dari usus
Jeruk Nipis + Air Garam – Pengganti elektrolit alami
Biji Klabet (***Trigonella foenum-graecum*** **)** – Menenangkan lapisan usus, anti diare
Minyak Peppermint / Teh (***Mentha piperita*** **)** – Menenangkan kejang dan muntah
Jahe (***Zingiber officinale*** **)** – Mengatasi mual dan meningkatkan pencernaan
Pisang + Air Beras – Memerangi dehidrasi dan mengembalikan kalium

Obat 1: Teh Daun Jambu Biji untuk Diare

- **Apa yang Anda Butuhkan:**
    - 6–8 lembar daun jambu biji segar *(Psidium guajava)*
    - 2 gelas air
- **Cara Penggunaan:**
    - Rebus daun jambu biji selama 10–15 menit. Saring dan minum dua kali sehari hingga sembuh.
- **Khasiat:** Menghentikan diare, membunuh bakteri, memperkuat lapisan usus

Obat 2: Minuman Arang dan Jeruk Nipis

- **Apa yang Anda Butuhkan:**
    - 1 kapsul arang aktif (atau 1 sdt bubuk)

    - 1 sdm air jeruk nipis segar
    - 1 gelas air hangat + sedikit garam
- **Cara Penggunaan:**
    - Aduk rata dan minum segera setelah gejala keracunan makanan mulai muncul.
- **Efek:** Mengikat racun, membuang bakteri, mengembalikan elektrolit

Ramuan ke-3: Smoothie Jahe dan Pisang untuk Membangun Kembali Tubuh

- **Apa yang Anda Butuhkan:**
    - 1 buah pisang
    - ½ sdt jahe parut
    - 1 sdm air beras matang
    - Campurkan sedikit madu dan air
- **Cara Penggunaan:**
    - Minum 1–2x sehari saat nafsu makan kembali
- **Khasiat:** Membangun kembali mineral yang hilang, menenangkan usus, mengurangi muntah

Wawasan Penyembuhan: Apa yang Masuk Akan Dibuang

Tuhan menciptakan tubuhmu untuk **menolak apa yang bukan miliknya** .

Diare mungkin terasa memalukan atau tidak nyaman, tetapi itu adalah pertahanan diri — **mekanisme ilahi untuk melindungimu** .

Terkadang, bahkan secara rohani, kita perlu **mengusir apa yang telah ditanamkan musuh** —doktrin palsu, ketakutan, kepahitan, kutukan, dan racun.

Sebagaimana Yesus berjanji bahwa **racun tidak akan membahayakan para pengikut-Nya** , Dia juga akan

menyembuhkan dan memulihkan ketenangan pencernaan Anda .
Kamu **disucikan** , bukan dikutuk.
Kamu **disegarkan** , bukan dirusak.

Kisah Penyembuhan – Nigeria & Indonesia

Pelarian Ade dari Keracunan Makanan – Ibadan, Nigeria

Setelah memakan daging jalanan yang terkontaminasi, Ade mengalami diare hebat, muntah-muntah, dan lemas. Ibunya menyeduh teh daun jambu biji dan air arang aktif, meletakkan tangannya di perutnya, dan membacakan Markus 16:18.

Dalam waktu 3 jam, saya sudah tegak. Menjelang sore, saya sudah bisa berjalan. Racun itu meninggalkan tubuh saya seperti musuh yang kalah.

Anak Sari Sembuh – Bali, Indonesia

Putri Sari yang berusia 3 tahun mengalami feses encer dan muntah-muntah akibat dugaan bakteri dalam air. Perawatan di rumah sakit tertunda, sehingga ia beralih ke air beras, pisang, dan doa yang dipimpin Roh Kudus. Menjelang fajar, demamnya turun dan anaknya kembali tersenyum.
"Saya tahu Tuhan sendiri yang telah memasuki perut anak itu. Tak ada kuman yang bisa menolak-Nya."

Doa untuk Kesembuhan

Bapa Surgawi,
Engkau berjanji bahwa tidak ada hal yang mematikan yang akan membahayakan anak-anak-Mu. Buang semua racun, bakteri, atau parasit dari tubuhku. Tenangkan semua badai dalam perutku. Pulihkan kekuatan di mana ada kelemahan. Biarkan api-Mu memurnikan bagian dalamku dan

memberikan keselarasan yang sempurna. Aku menerima kedamaian, kesehatan, dan pembersihan ilahi. Dalam nama Yesus, Amin.

Deklarasi Penyembuhan Harian

Tubuhku bebas dari racun.

Tak ada makanan, bakteri, atau racun yang bisa menghancurkanku. Ususku kuat. Perutku tenang. Pencernaanku luar biasa. Aku sembuh dan utuh — dalam nama Yesus!

Titik Aksi

- Seduh teh daun jambu biji atau teh peppermint untuk diri sendiri atau orang yang sakit
- Minumlah 2 liter air bersih dengan jeruk nipis dan sedikit garam hari ini
- Letakkan tanganmu di perutmu dan nyatakan firman Tuhan tentang pembilasan dan penyembuhan

Jurnal Prompt

- Apa yang telah saya "telan" secara emosional dan spiritual yang ingin Tuhan buang?
- Kebenaran apa tentang rancangan tubuh saya yang memberi saya harapan hari ini?

Pertanyaan Diskusi Kelompok Penyembuhan

1. Mengapa kita sering mengabaikan atau menyembunyikan kondisi seperti diare atau keracunan makanan di ruang spiritual?
2. Apa artinya Tuhan peduli dengan apa yang terjadi “di dalam perut kita”?

3. Pernahkah Anda atau seseorang yang Anda kenal mengalami tangan Tuhan dalam penyembuhan darurat?

Momen Refleksi
Letakkan kedua tangan di perut Anda, tarik napas dalam-dalam, dan bisikkan:
Apa yang musuh rencanakan untuk meracuniku — Tuhan telah beralih ke pemurnian. Aku bebas. Aku utuh. Aku disembuhkan.

Hari ke-28 – Penyembuhan Malaria + Tifus Kronis

Darah Yesus berbicara lebih baik. Setiap parasit yang menyerang disingkirkan. Darah-Ku ditebus dan dipulihkan.

Fokus Kitab Suci
"Apabila Aku melihat darah itu, maka Aku akan lewat dari padamu, dan tulah tidak akan menimpa kamu..." — Keluaran 12:13 (TB)
"Oleh bilur-bilur-Nya kita menjadi sembuh." — Yesaya 53:5 (TB)
"Ia mengirimkan firman-Nya, lalu menyembuhkan mereka dan melepaskan mereka dari kebinasaan mereka." — Mazmur 107:20 (TB)
"Maka keluarlah kuasa dari pada-Nya dan menyembuhkan mereka semua." — Lukas 6:19 (TB)

Tantangan Kesehatan Global
Malaria masih menjadi salah satu dari **10 penyebab kematian teratas di dunia** , merenggut lebih dari **600.000 jiwa setiap tahunnya** , terutama di Afrika dan Asia. Disebabkan oleh parasit *Plasmodium* yang menyebar melalui gigitan nyamuk, penyakit ini menginfeksi sel darah merah dan menyebabkan **demam, menggigil, lemas, nyeri sendi** , dan, jika tidak diobati, **gagal organ** .
Demam tifoid , yang disebabkan oleh *Salmonella typhi* , menyebar melalui makanan atau air yang terkontaminasi dan berkembang biak di daerah dengan sanitasi yang buruk. Penyakit ini dapat menjadi **kronis** , bersembunyi di kantong empedu atau usus bahkan setelah gejalanya mereda — yang menyebabkan **demam terus-menerus, kelelahan, stres hati** , dan kekambuhan berulang.
Keduanya adalah **pertempuran yang berdarah** . Namun, ada **kesembuhan dalam darah Yesus** , pemulihan melalui hikmat, dan penyucian melalui ciptaan.

Obat Penyembuhan dari Penciptaan
Untuk Malaria:

- **Daun Nimba (** ***Azadirachta indica*** **)** – Antimalaria dan penambah kekebalan tubuh yang ampuh
- **Artemisia (Sweet Wormwood /** ***Artemisia annua*** **)** – Anti parasit yang kuat
- **Jus Daun Pepaya (** ***Carica papaya*** **)** – Meningkatkan jumlah trombosit dan sel darah merah
- **Serai (** ***Cymbopogon citratus*** **)** – Penurun demam dan antimikroba

- **Bawang putih (** ***Allium sativum*** **)** – Pembersih darah dan antibiotik alami

Untuk Tifus:

- **Daun Jambu Biji (** ***Psidium guajava*** **)** – Pencernaan dan antibakteri
- **Cengkeh (** ***Syzygium aromaticum*** **)** – Membunuh bakteri tifus
- **Air Kelapa + Jeruk Nipis** – Elektrolit alami dan antimikroba
- **Kunyit (** ***Curcuma longa*** **)** – Anti-inflamasi yang kuat dan mendukung fungsi hati
- **Jus Lidah Buaya** – Penyembuhan usus dan pembersih bakteri

Obat 1: Teh Herbal untuk Pemulihan Malaria

- **Apa yang Anda Butuhkan:**
  - 7–10 lembar daun nimba segar *(Azadirachta indica)*
  - 1 sdt serai kering *(Cymbopogon citratus)*
  - 1 potong jahe segar
- **Cara Penggunaan:**
  - Rebus dalam 2 gelas air selama 15 menit. Saring dan minum selagi hangat 2–3 kali sehari selama 5 hari.
- **Khasiat:** Membunuh parasit, menurunkan demam, meningkatkan kekebalan tubuh

Obat 2: Ramuan Rempah Pembersih Tifus

- **Apa yang Anda Butuhkan:**
  - 4–5 siung *(Syzygium aromatikum)*
  - ½ sdt kunyit
  - 1 gelas air hangat + sedikit garam
- **Cara Penggunaan:**

- Seduh cengkeh dalam air panas 10 menit, tambahkan kunyit + garam, aduk rata

- **Khasiat :** Melawan bakteri, memulihkan kesehatan pencernaan, mendetoksifikasi darah

Obat 3: Jus Daun Pepaya untuk Trombosit

- **Apa yang Anda Butuhkan:**
  - 2 lembar daun pepaya segar *(Carica papaya)*
  - Campur dengan sedikit air dan saring
- **Cara Penggunaan:**
  - Minum 1–2 sendok makan dua kali sehari selama pemulihan
- **Khasiat:** Meningkatkan sel darah, memperkuat sistem kekebalan tubuh, mencegah kekambuhan

Wawasan Penyembuhan: Darah Berbicara Lebih Baik

Malaria dan tifus sama-sama **menyerang darah** — sistem yang diciptakan Tuhan untuk menopang kehidupan. Namun di dalam Kristus, Anda memiliki **garis keturunan yang lebih unggul** , dan tubuh Anda dapat diperbarui. Yesus **yang sama yang menyembuhkan perempuan yang sakit pendarahan** , yang membangkitkan putri Yairus, yang mentahirkan orang kusta — **masih menyembuhkan penyakit aliran darah saat ini** .

Dia membasmi semua parasit.

Dia membungkam semua penyerang. Dia menulis ulang diagnosis Anda.

Kisah Penyembuhan – Uganda & Bangladesh

Terobosan Malaria Joel – Kampala, Uganda

Setelah bertahun-tahun malaria kambuh setiap musim hujan, Joel mulai membiasakan diri minum teh daun nimba, merenungkan Mazmur 91, dan berhenti takut akan

gejalanya. Satu tahun berlalu... lalu dua tahun. Tak satu pun serangan. Ia kini membagikan ramuannya di perkemahan remaja.
"Saya berjalan di zona bebas wabah. Saya berlumuran darah — dan nimba!"

Fatima Terbebas dari Tifus Kronis – Dhaka, Bangladesh
Fatima menderita tifus selama 3 tahun — keluar masuk rumah sakit, dan selalu kambuh. Seorang tetangga menawarkan ramuan cengkeh-kunyit, dan Fatima mulai berdoa dengan Mazmur 107. Gejalanya mereda dalam 5 hari. Hasil pemindaian tidak menunjukkan jejak bakteri.
"Firman dan herbal bekerja lebih cepat daripada obat-obatan selama bertahun-tahun."

Doa untuk Kesembuhan
Tuhan Yesus,
kuoleskan darah-Mu ke setiap sel tubuhku. Bersihkan malaria, tifus, dan semua penyakit yang bersembunyi di aliran darahku. Sembuhkan organ-organ tubuhku. Kuatkan kekebalan tubuhku. Jangan biarkan parasit berdiam, jangan biarkan racun berlama-lama, jangan biarkan gejala kambuh. Darahku disembuhkan. Tubuhku dipulihkan. Dalam nama-Mu yang mahakuasa, Amin.

Deklarasi Penyembuhan Harian
Darahku bersih.
Tak ada parasit yang bisa hidup di dalamku. Trombositku kuat. Hatiku sembuh. Malaria dan tifus ada di bawah kakiku. Aku berjalan dalam kekebalan dan kebebasan ilahi, dalam nama Yesus!

Titik Aksi

- Seduh teh nimba atau cengkeh hari ini — untuk Anda atau seseorang di keluarga Anda
- Bacalah Mazmur 91 dengan lantang sebelum tidur selama 7 hari — ucapkanlah pada sistem kekebalan tubuh Anda
- Berkomitmen untuk air bersih, istirahat bersih, dan doa bersih selama 3 hari pemulihan

Jurnal Prompt

- Apa yang perlu saya bersihkan dari tubuh saya — dan dari jiwa saya?
- Apakah saya telah mengundang Tuhan ke dalam pertempuran berdarah dalam hidup saya?

Pertanyaan Diskusi Kelompok Penyembuhan

1. Bagaimana kita menjaga diri secara rohani terhadap penyakit di lingkungan berisiko tinggi?
2. Apa saja pengobatan alami dan lokal yang telah kita gunakan yang membawa penyembuhan sejati?
3. Apa artinya mengklaim darah Yesus atas darah fisik Anda?

Momen Refleksi

Letakkan satu tangan di atas jantung Anda dan tangan lainnya di atas hati Anda. Tarik napas dalam-dalam dan nyatakan:

Darah Yesus adalah perlindunganku. Malaria tak punya rumah. Tifus tak berakar. Aku telah dipulihkan.

Hari ke-29 – Penyembuhan dari Muntah & Mual + Pingsan & Kolaps Mendadak

"Ketika tubuhmu melemah, surga bangkit. Roh memulihkan apa yang coba dicuri oleh kelemahan."

Fokus Kitab Suci

"Dia menyegarkan jiwaku. Dia menuntunku di jalan yang benar oleh karena nama-Nya." — Mazmur 23:3 (TB)

"Sebab Tuhan menopang dia dengan tangan-Nya..." — Mazmur 37:24 (TB)

"Dari pada-Nya keluar kuasa dan menyembuhkan mereka semua." — Lukas 6:19 (TB)

"Roh yang sama, yang telah membangkitkan Kristus dari antara orang mati, akan menghidupkan kembali tubuhmu yang fana." — Roma 8:11 (TB)

Tantangan Kesehatan Global

Muntah dan mual adalah gejala yang sering muncul sebelum atau selama sakit, infeksi, keracunan makanan, migrain, kelelahan akibat panas, serangan spiritual, atau trauma. Secara umum, tanda-tanda ini dapat mengindikasikan tekanan fisik dan spiritual.

Pingsan dan kolaps mendadak memengaruhi jutaan orang, terutama di negara berkembang di mana nutrisi, hidrasi, dan tekanan spiritual saling terkait. Beberapa pingsan karena gula darah rendah atau tekanan darah tinggi, yang lain karena stres, panas, atau penyebab yang tidak dapat dijelaskan.

Di daerah tertentu, pingsan mendadak disertai muntah-muntah atau mulut berbusa bahkan mungkin **berakar**

pada hal rohani , yang memerlukan **kebijaksanaan medis dan kebijaksanaan yang dipimpin Roh** . Yesus memahami **semua dimensi** — fisik, emosional, dan spiritual. Ia mengangkat mereka yang jatuh, dan **tidak ada yang terlalu misterius** bagi Sang Tabib Agung.

Obat Penyembuhan dari Penciptaan

Akar Jahe (*Zingiber officinale*) – Mengatasi mual, mengurangi muntah

Cengkeh (*Syzygium aromaticum*) – Meredakan sakit perut, melawan infeksi

Mint / Peppermint (*Mentha piperita*) – Menenangkan perut, meredakan pingsan

Air Kelapa – Rehidrasi alami, menyeimbangkan elektrolit

Madu + Lemon – Mengembalikan gula darah, menenangkan saraf

Garam + Gula Rehidrasi Oral – Energi cepat untuk mantra pingsan

Kemangi Suci (*Ocimum sanctum*) – Menenangkan sistem saraf

Obat 1: Pereda Muntah Jahe dan Cengkeh

- **Apa yang Anda Butuhkan:**
  - 1 sdt jahe segar parut
  - 2 siung *(Syzygium aromatikum)*
  - 1 cangkir air panas
- **Cara Penggunaan:**
  - Rebus selama 10 menit. Saring dan minum selagi hangat sesuai selera.
- **Khasiat:** Menghentikan muntah, meredakan mual, menghangatkan dan menenangkan usus.

Obat 2: Ramuan Pingsan Darurat

- **Apa yang Anda Butuhkan:**
  - ½ sdt garam
  - 1 sdm gula atau madu
  - 1 gelas air bersih + 1 sdm air jeruk nipis/lemon
- **Cara Penggunaan:**
  - Aduk hingga larut. Minum perlahan setelah pingsan atau pusing.
- **Efek:** Mengembalikan elektrolit, gula darah, dan hidrasi dengan cepat

Obat 3: Peppermint + Kelapa Menenangkan

- **Apa yang Anda Butuhkan:**
  - 1 sdt daun mint kering atau 4 lembar daun mint segar
  - ½ cangkir air kelapa
- **Cara Penggunaan:**
  - Seduh daun mint dalam air dan campurkan dengan air kelapa dingin
- **Khasiat :** Mendinginkan badan, merilekskan perut, mengembalikan tenaga

Wawasan Penyembuhan: Ketika Tubuh Mati

Saat Anda merasa ingin pingsan, muntah, atau pingsan, tubuh Anda mungkin merasa mengkhianati Anda.
Namun terkadang, ia sebenarnya **melindungi Anda** — menghentikan Anda cukup lama untuk menarik perhatian Anda pada ketidakseimbangan, kelebihan beban, infeksi... atau peperangan rohani.
Bahkan Nabi Elia **pun roboh di bawah pohon** , memohon agar Tuhan mencabut nyawanya. Namun,

Tuhan mengutus malaikat untuk memberinya makan, memberinya minum, dan memulihkannya.
Kamu tidak lemah — kamu sedang berada di ambang pemulihan.
Tuhan sedang memulihkan tubuhmu dan memulihkan kekuatanmu. Kamu tidak akan runtuh lagi.

Kisah Penyembuhan – India & Ghana

Pembebasan Amara – Accra, Ghana.

Pada usia 14 tahun, Amara tiba-tiba pingsan disertai muntah dan kejang. Dokter menduga ia mengalami kejang, tetapi neneknya merasakan adanya peperangan rohani. Mereka berpuasa dan berdoa, mengurapinya dengan minyak, dan menambahkan teh pepermin dengan air garam-madu setiap hari. Ia tidak pingsan lagi selama lebih dari 2 tahun.
"Tubuhku sekarang adalah kuil, bukan medan perang."

Pemulihan Raj – Kerala, India

Raj menderita episode muntah kronis yang dipicu oleh kecemasan dan kambuhnya tukak lambung. Setelah berdoa di gereja, ia mulai minum teh jahe-cengkeh dan menulis jurnal Mazmur 91. Perutnya tenang dalam seminggu — begitu pula jantungnya.
"Apa yang tidak dapat ditampung perutku, Tuhan mulai membawanya untukku."

Doa untuk Kesembuhan

Tuhan,
saat aku lemah, Engkau memelukku. saat aku sakit, Engkau menenangkanku. usirlah semua roh penyakit, semua racun, semua ketidakseimbangan. pulihkan hidrasi, keseimbangan, dan kedamaian dalam tubuhku. biarkan perutku tenang,

aliran darahku lancar, dan pikiranku tenang. aku takkan jatuh — aku akan bangkit lagi. dalam nama Yesus, Amin.

Deklarasi Penyembuhan Harian

Aku seimbang.
Tak ada gelombang mual yang dapat mengendalikanku.
Tak ada kelemahan yang dapat menghentikanku.
Aku tak akan runtuh—aku akan berdiri. Sarafku tenang.
Perutku sembuh. Tubuhku disejajarkan kembali oleh kuasa surga. Amin.

Titik Aksi

- Siapkan minuman hidrasi garam-gula dan simpan untuk keadaan darurat
- Seduh teh jahe atau peppermint untuk orang yang sakit
- Luangkan waktu hari ini untuk beristirahat, bernapas dalam-dalam, dan undang Tuhan ke dalam setiap sistem tubuh Anda.

Jurnal Prompt

- Apa yang menyebabkan "sistem internal" saya hancur — secara emosional atau fisik?
- Bagaimana saya bisa menciptakan ruang untuk istirahat penyembuhan sebelum tubuh saya runtuh?

Pertanyaan Diskusi Kelompok Penyembuhan

1. Pernahkah Anda mengalami pingsan, muntah, atau pingsan mendadak? Bagaimana Tuhan mempertemukan Anda di sana?
2. Apa saja tanda peringatan rohani dan fisik tentang kelebihan beban yang sering kita abaikan?

3. Bagaimana kita dapat mendukung orang lain dalam pemulihan setelah “momen kehancuran” mereka?

Momen Refleksi

Berdiri (jika Anda mampu) atau duduk tegak. Tarik napas dan nyatakan:

"Aku diteguhkan oleh Tuhan. Tubuhku kuat. Pikiranku tenang. Aku takkan goyah. Aku akan bangkit."

Hari ke-30 – Penyembuhan dari Anemia Sel Sabit + Anemia Defisiensi Zat Besi

"Kamu tidak lemah. Darah Yesus mengalir melalui dirimu — dan itu memberi kekuatan, oksigen, dan kehidupan."

Fokus Kitab Suci

"Nyawa makhluk ada di dalam darahnya..." — Imamat 17:11 (TB)
"Biarlah orang yang lemah berkata, 'Aku kuat.'" — Yoel 3:10 (TB)
"Roh Allah, yang telah membangkitkan Yesus dari antara orang mati, diam di dalam kamu... dan akan menghidupkan tubuhmu yang fana." — Roma 8:11 (TB)
"Mereka akan berlari dan tidak menjadi lesu, mereka akan berjalan dan tidak menjadi lelah." — Yesaya 40:31 (TB)

Tantangan Kesehatan Global

Anemia Sel Sabit memengaruhi lebih dari **20 juta orang di seluruh dunia** , terutama di Afrika sub-Sahara, India, dan Timur Tengah. Anemia sel sabit adalah kondisi genetik di mana sel darah merah berbentuk bulan sabit, sehingga menyulitkan oksigen untuk mengalir dengan baik. Hal ini menyebabkan **seringnya krisis nyeri, kelelahan, infeksi, dan kerusakan organ** .
Anemia Defisiensi Zat Besi , di sisi lain, adalah **gangguan gizi paling umum di dunia** , memengaruhi **1 dari 4 orang** . Anemia ini disebabkan oleh kekurangan zat besi (akibat pola makan yang buruk, kehamilan, menstruasi, atau kehilangan darah), yang menyebabkan **kelelahan**

ekstrem, kulit pucat, pusing, dan jantung berdebar-debar .
Keduanya merupakan **kondisi yang berkaitan dengan darah** — tetapi Tuhan adalah **sumber darah** dan **pemberi kekuatan** . Dia tetap menyembuhkan tubuh dan **memulihkan kekuatan bagi yang lelah** .

Obat Penyembuhan dari Penciptaan
Untuk Dukungan Sel Sabit & Anemia:

- **Bit (** ***Beta vulgaris*** **)** – Meningkatkan produksi sel darah merah
- **Daun Kelor (** ***Moringa oleifera*** **)** – Kaya akan zat besi, kalsium, dan protein
- **Daun Pahit (** ***Vernonia amygdalina*** **)** – Membersihkan darah, meningkatkan kekebalan tubuh
- **Kurma + Biji Wijen** – Kombinasi energi kaya zat besi
- **Biji Labu + Bayam** – Tinggi zat besi dan folat
- **Molase Blackstrap** – Tonik alami zat besi dan mineral
- **Bubuk Baobab (** ***Adansonia digitata*** **)** – Tinggi Vitamin C dan sinergi zat besi
- **Kunyit + Madu** – Mengurangi peradangan akibat krisis nyeri

Obat 1: Moringa & Bit Pembangun Darah

- **Apa yang Anda Butuhkan:**
  - 1 sdm bubuk kelor *(Moringa oleifera)*
  - ½ cangkir jus bit *(Beta vulgaris)*
  - 1 sdt madu
- **Cara Penggunaan:**

- Campur dan minum sekali sehari, terutama di pagi hari
- **Khasiat:** Membangun sel darah merah, meningkatkan zat besi, mendukung stamina

Obat 2: Camilan Zat Besi Wijen dan Kurma

- **Apa yang Anda Butuhkan:**
  - 5–6 buah kurma tanpa biji
  - 2 sdm biji wijen (sangrai ringan)
- **Cara Penggunaan:**
  - Campur hingga menjadi pasta dan bentuk bulatan kecil. Konsumsi 2 kali sehari.
- **Khasiat:** Meningkatkan zat besi dengan cepat, menyeimbangkan gula darah, baik untuk anak-anak dan orang dewasa

Obat 3: Tonik Baobab dan Daun Pahit

- **Apa yang Anda Butuhkan:**
  - 1 sdt bubuk baobab *(Adansonia digitata)*
  - ½ cangkir ekstrak daun pahit *(Vernonia amygdalina)*
  - 1 sdm air jeruk lemon segar
- **Cara Penggunaan:**
  - Campur dan minum sekali sehari selama 7 hari, lalu hentikan
- **Khasiat:** Detoksifikasi darah, mendukung fungsi hati, meningkatkan kesehatan sel darah merah

Wawasan Penyembuhan: Tuhan Ada di Dalam Darah

Dari Kitab Kejadian hingga Kitab Wahyu, Allah menekankan **darah** — sebagai simbol perjanjian, kehidupan, dan pengorbanan.
Darah Anda mungkin sedang diserang — tetapi **darah Yesus tetap berbicara lebih baik.**
Setiap sel yang membawa kehidupan di dalam diri Anda **diciptakan oleh Tuhan** .
Bahkan sel berbentuk sabit **pun dapat disentuh** , dan darah yang kurang **dapat dibangun kembali** .
Kamu tidak dikutuk. Kamu tidak lemah.
Kamu adalah bait Allah — dan darahmu sedang diperbaiki secara ilahi.

Kisah Penyembuhan – Nigeria & Amerika Serikat

Keajaiban Sel Sabit Chinelo – Enugu, Nigeria.

Chinelo, 18 tahun, mengalami krisis mingguan. Ibunya mulai mengonsumsi jus kelor-bit, mandi kunyit, dan komuni dengan Mazmur 103 setiap malam. Selama 6 bulan, jumlah darahnya kembali normal. Pemeriksaan lanjutan menunjukkan tidak ada lagi gejala krisis.
"Rasanya seperti Tuhan masuk ke dalam aliran darahku. Sekarang aku tidur dengan tenang."

Pemulihan Anemia Brian – Michigan, AS

Setelah operasi, Brian mengalami anemia defisiensi besi. Ia merasa pusing, lelah, dan tidak dapat bekerja. Seorang pelatih kesehatan memperkenalkan bola baobab dan wijen dengan deklarasi harian. Dalam 3 minggu, kadar zat besinya kembali normal.
"Tuhan menggunakan apa yang berasal dari pohon — dan Firman-Nya — untuk memulihkan saya."

Doa untuk Kesembuhan

Bapa Surgawi,
Engkaulah pencipta darah dan pemberi kehidupan. Sentuhlah setiap sel dalam aliran darahku. Singkirkan semua cacat, pulihkan setiap hitungan, dan penuhi aku dengan energi. Biarkan darah Yesus membersihkan aku secara rohani dan memperbarui aku secara fisik. Aku menerima kekuatan, stamina, dan aliran supernatural. Dalam nama Yesus, Amin.

Deklarasi Penyembuhan Harian

Aku memiliki aliran darah ilahi.
Aku tidak lemah—aku kuat. Sel darah merahku banyak, hemoglobinku penuh. Darah Yesus berbicara atas darahku. Aku hidup dan berkembang. Aku tidak lemah. Akulah yang disembuhkan oleh Tuhan!

Titik Aksi

- Tambahkan penambah zat besi harian ke sarapan Anda (seperti moringa atau molase blackstrap)
- Letakkan tanganmu di dadamu dan nyatakan ayat penyembuhan atas darahmu setiap hari
- Ambil komuni minggu ini khususnya untuk penyembuhan darah

Jurnal Prompt

- Apa yang tingkat energi saya katakan tentang kesehatan batin saya?
- Percayakah saya bahwa Tuhan dapat meregenerasi sesuatu yang tampaknya rusak secara genetik?

Pertanyaan Diskusi Kelompok Penyembuhan

1. Bagaimana kita dapat mendukung mereka yang memiliki kondisi darah jangka panjang secara spiritual dan praktis?
2. Apa peran perjamuan kudus dan kitab suci dalam penyembuhan darah kita?
3. Tanaman atau makanan apa di daerah Anda yang membantu meningkatkan kesehatan darah?

Momen Refleksi
Letakkan tanganmu di dadamu dan bisikkan:
"Aku tidak lemah. Aku kuat. Aku dilindungi oleh darah Yesus — dan aku disembuhkan."

Hari ke-31 – Penyembuhan Sakit Gigi + Infeksi Mulut

"Bukalah mulutmu lebar-lebar — dan Aku akan mengisinya. Tuhan menyembuhkan bahkan rasa sakit terkecil sekalipun dengan perhatian surgawi."

Fokus Kitab Suci

"Di kedua sisi sungai itu tumbuh pohon kehidupan… dan daun-daunnya dipakai untuk menyembuhkan bangsa-bangsa." — Wahyu 22:2 (NLT)

"Ia mengisi mulutku dengan kebaikan, sehingga masa mudaku menjadi baru…" — Mazmur 103:5 (KJV)

"Lidah orang bijak mendatangkan kesembuhan." — Amsal 12:18 (NIV)

"Tuhan membuka mulut orang bisu dan menjamah bibir orang sakit…" — Matius 9:33 (parafrase)

Tantangan Kesehatan Global

Sakit gigi, infeksi gusi, dan luka di mulut seringkali **diabaikan** — terutama di negara-negara berpenghasilan rendah. Padahal, infeksi mulut dapat menyebabkan **abses otak, infeksi jantung (endokarditis), dan penyakit sistemik** .

Di seluruh dunia, **lebih dari 3,5 miliar orang** menderita gangguan kesehatan mulut, dan lebih banyak lagi yang hidup dengan rasa sakit dalam diam — karena perawatan gigi mahal atau tidak tersedia. Dalam Kitab Suci, mulut melambangkan **kehidupan, ucapan, dan berkat** . Tuhan peduli pada **setiap saraf, gusi, dan gigi** — dan Dia masih menyembuhkannya.

Obat Penyembuhan dari Penciptaan

Minyak Cengkeh (*Syzygium aromaticum*) – Anestetik alami & antiseptik

Daun Jambu Biji (*Psidium guajava*) – Memperkuat gusi, antibakteri

Garam + Air Hangat – Bilasan pembersih yang ampuh

Pasta Kunyit + Lada Hitam – Menyembuhkan infeksi, mengurangi pembengkakan

Miswak (ranting Salvadora persica) – Tongkat kebersihan mulut kuno yang masih digunakan hingga saat ini

Teh Timi (*Thymus vulgaris*) – Melawan bakteri, mendukung jaringan mulut

Obat 1: Minyak Cengkeh untuk Meredakan Saraf

- **Apa yang Anda Butuhkan:**
  - 2 tetes minyak cengkeh *(Syzygium aromaticum)*
  - Kapas atau jari bersih
- **Cara Penggunaan:**
  - Oleskan langsung pada gigi atau gusi yang sakit. Ulangi setiap 4 jam.
- **Khasiat:** Meredakan nyeri, membunuh bakteri, meredakan peradangan

Obat 2: Obat Kumur Daun Jambu Biji

- **Apa yang Anda Butuhkan:**
  - 5–7 lembar daun jambu biji segar *(Psidium guajava)*
  - 1 gelas air + sedikit garam

- **Cara Penggunaan:**
    - Rebus daun sirih selama 10 menit, saring, tambahkan garam. Berkumurlah 2–3 kali sehari.
- **Khasiat :** Membersihkan luka, mengencangkan gusi, menghentikan pertumbuhan bakteri

Obat 3: Pasta Penyembuhan Getah Kunyit

- **Apa yang Anda Butuhkan:**
    - 1 sdt bubuk kunyit *(Curcuma longa)*
    - Sejumput lada hitam + ½ sdt minyak kelapa
- **Cara Penggunaan:**
    - Campurkan dan oleskan secara perlahan pada gusi yang bengkak selama 5 menit, lalu bilas.
- **Khasiat:** Menyembuhkan infeksi, mengurangi peradangan, meningkatkan perbaikan jaringan

Wawasan Penyembuhan: Kekuatan di Mulut Anda

Sakit gigi mungkin tampak kecil — tetapi sering kali merupakan tanda bahwa **tubuh Anda sedang membutuhkan pembersihan** , bukan sekadar kelegaan. Ketika Tuhan memulihkan mulutmu **,** Dia memulihkan **suaramu, pujianmu, dan kekuatanmu** .

Dalam Wahyu 22:2, **daun-daun pohon kehidupan** dimaksudkan untuk penyembuhan bangsa-bangsa. Penyembuhan Anda tidak terbatas pada rumah sakit — penyembuhan itu **terjalin dalam pepohonan, minyak, dan tanah** yang Tuhan berikan kepada kita.

Biarkan mulut Anda **dibersihkan secara alami** , disembuhkan secara spiritual, dan dipulihkan sepenuhnya

— sehingga Anda dapat berbicara, bernyanyi, dan tersenyum lagi tanpa rasa sakit.

Kisah Penyembuhan – Kenya & Brasil

Kesaksian Wairimu tentang Cengkeh – Nairobi, Kenya.

Wairimu menderita infeksi gigi geraham dan tidak mampu membiayai operasi. Istri pendetanya memberinya minyak cengkeh dan Mazmur 103 untuk pengakuan dosa setiap hari. Rasa sakitnya hilang dalam 2 hari. Rontgen gigi selanjutnya menunjukkan abses telah mengering.

"Saya masih punya gigi itu. Saya menyebutnya gigi kesaksian saya."

Keajaiban Daun Jambu Biji Marcos – Recife, Brasil

Marcos menderita gusi berdarah terus-menerus. Seorang dukun setempat mengajarinya merebus daun jambu biji dengan garam dan berkumur setelah menyikat gigi. Ia berdoa Mazmur 19 di atas mulutnya setiap hari. Dalam seminggu, pendarahan berhenti.

"Tuhan membuka mulutku lagi — tidak ada lagi rasa malu, tidak ada lagi darah."

Doa untuk Kesembuhan

Bapa Kehidupan,

Engkau membentuk setiap gigi, setiap saraf, dan setiap sel dalam mulutku. Bersihkan aku dari infeksi, peradangan, dan pembusukan. Urapi mulutku dengan kekuatan dan kesembuhan. Pulihkan gusiku, rapikan gigiku, dan hilangkan semua rasa sakit. Biarkan bibirku memuji-Mu dengan sukacita dan kebebasan. Dalam nama Yesus, Amin.

Deklarasi Penyembuhan Harian

Mulutku sembuh.
Gusiku kuat. Gigiku utuh. Tak ada infeksi, tak ada peradangan, tak ada rasa sakit yang tersisa. Aku berbicara tentang kesembuhan, dan aku menerimanya — melalui Firman dan daun-daun kehidupan. Dalam nama Yesus!

Titik Aksi

- Oleskan minyak cengkeh atau bilas dengan air garam hari ini
- Berkati sikat gigi dan pasta gigi Anda — nyatakan kesembuhan setiap pagi
- Bacalah Mazmur 103:5 tiga kali dengan suara keras sambil menyikat dan membilas

Jurnal Prompt

- Apakah saya mengabaikan tanda-tanda kecil dalam tubuh saya yang menunjukkan bahwa Tuhan ingin menyembuhkan?
- Apa artinya bagi saya untuk "membuka mulutku lebar-lebar" dan membiarkan Tuhan memenuhinya (Mazmur 81:10)?

Pertanyaan Diskusi Kelompok Penyembuhan

1. Mengapa orang cenderung mengabaikan nyeri mulut? Bagaimana kita bisa mengubahnya?
2. Apa pengobatan alami keluarga Anda untuk sakit gigi atau infeksi mulut?
3. Bagaimana kita dapat menggunakan mulut kita yang telah disembuhkan untuk memuliakan Tuhan dengan lebih sengaja?

Momen Refleksi

Letakkan tangan Anda dengan lembut di atas rahang atau pipi Anda dan katakan:
Mulutku sembuh. Kata-kataku akan membawa kehidupan. Suaraku akan memuliakan Tuhan—tanpa rasa sakit.

Hari ke-32 – Penyembuhan dari Epilepsi + Gangguan Kejang

Apa yang dunia sebut sebagai kondisi, Tuhan lihat sebagai kesempatan untuk kemuliaan. Kuasa-Nya menenangkan setiap badai.

Fokus Kitab Suci
"Dan mereka membawa kepada-Nya semua orang yang menderita berbagai penyakit... mereka yang menderita sakit parah, yang kerasukan setan, yang kejang-kejang, dan yang lumpuh; dan Ia menyembuhkan mereka." — Matius 4:24 (NIV)
"Jenis ini tidak dapat diusir kecuali dengan berdoa dan berpuasa." — Matius 17:21 (NKJV)
"Dan daun pohon-pohon itu untuk penyembuhan bangsa-bangsa." — Wahyu 22:2 (NLT)
"Roh Tuhan ada padaku, oleh sebab Ia telah mengurapi aku... untuk membebaskan mereka yang tertindas." — Lukas 4:18 (NKJV)

Tantangan Kesehatan Global
Epilepsi , yang memengaruhi lebih dari **50 juta orang di seluruh dunia** , adalah **gangguan neurologis kronis yang paling umum** . Penyakit ini menyebabkan kejang yang tidak terduga—lonjakan listrik di otak—yang dapat menyebabkan **jatuh, kejang-kejang, kehilangan kesadaran, dan trauma** .
Dalam banyak budaya, epilepsi disalahpahami dan dikaitkan secara keliru dengan kutukan atau setan. Meskipun **tidak semua kejang disebabkan oleh setan** ,

beberapa memang memiliki **akar spiritual** , seperti yang terlihat dalam pelayanan Yesus.

Kejang juga dapat terjadi akibat :

- Infeksi otak
- Demam tinggi
- Cedera kepala
- Stroke atau trauma
- Kekurangan nutrisi

Kabar baiknya adalah: **Yesus menyembuhkan segala bentuk kejang** , baik yang alami maupun yang rohani. Dan Dia masih melakukannya hingga saat ini.

Obat Penyembuhan dari Penciptaan

Passionflower (Passiflora incarnata) – Penstabil saraf alami

Akar Valerian (Valeriana officinalis) – Menenangkan aktivitas otak

Ashwagandha (Withania somnifera) – Mengurangi kejang akibat stres

Makanan kaya magnesium – Mencegah kejang

Vitamin B6 (dari pisang, buncis, biji bunga matahari) – Penting dalam pengendalian kejang

Minyak Kelapa (MCT) – Mendukung penyembuhan otak dan keseimbangan listrik

Bawang Putih & Bawang Bombay – Memperkuat neuron, mengurangi peradangan

Catatan: Dukungan alami ini harus diintegrasikan **dengan perawatan medis** dengan bijaksana.

Obat 1: Infus Herbal Penenang Otak

- **Apa yang Anda Butuhkan:**
  - 1 sdt bunga markisa kering (Passiflora incarnata)

    - 1 sdt akar valerian kering (Valeriana officinalis)
    - 1½ cangkir air panas
- **Cara Penggunaan:**
    - Seduh selama 10 menit, saring, dan minum sebelum tidur atau saat stres tinggi
- **Efek:** Menenangkan sistem saraf, menstabilkan impuls listrik

Obat 2: Tonik Pendukung Kejang

- **Apa yang Anda Butuhkan:**
    - ½ sdt bubuk ashwagandha (Withania somnifera)
    - 1 sdm minyak kelapa
    - ½ pisang (kaya vitamin B6 + kalium)
- **Cara Penggunaan:**
    - Campurkan ke dalam smoothie atau minum sebagai tonik sekali sehari
- **Efek:** Mendukung kesehatan neuron, menyeimbangkan kadar hormon stres

Solusi 3: Kombinasi Makanan Kaya Magnesium

- **Apa yang Anda Butuhkan:**
    - Biji labu, bayam, alpukat, dan kacang mete
- **Cara Penggunaan:**
    - Kombinasikan dalam makanan kecil atau salad setiap hari
- **Efek:** Mencegah kejang, membangun ketahanan neurologis

Wawasan Penyembuhan: Ketika Tubuh Bergetar, Tuhan Tetap Diam

ada **rasa malu** dalam gangguan neurologis. Tuhan **tidak hanya melihat aktivitas otak** , tetapi juga **tangisan hati di baliknya** . Yesus tidak pernah menolak anak laki-laki yang menderita epilepsi itu — sebaliknya, Dia menegur rohnya dan **memulihkan tubuhnya sepenuhnya** . Apakah seseorang membutuhkan **pengobatan, pembebasan, atau keduanya** , Tuhan kita cukup besar untuk menanggung semuanya.
Guncangan akan berhenti.
Penindasan akan pecah. Badai di otak akan diredam — oleh suara Dia yang menenangkan lautan.

Kisah Penyembuhan – Nigeria & India
Kebebasan Isaac dari Kejang – Jos, Nigeria
Isaac menderita kejang selama 7 tahun. Setelah dokter putus asa, gerejanya mulai berpuasa mingguan dan berdoa malam. Selain obat-obatannya, bibinya menambahkan smoothie dengan minyak kelapa, pisang, dan ashwagandha. Setelah 4 bulan, kejangnya berhenti. Ia sekarang menjadi pemimpin drama remaja.
"Tuhan mengubah otakku. Guncangan itu berubah menjadi seruan pujian."

Pemulihan Alami Anita – Kerala, India.
Pada usia 19 tahun, Anita mengalami episode epilepsi akibat trauma. Keluarganya mengonsumsi teh bunga markisa, makanan bermagnesium, dan menghafal Mazmur 46 setiap hari. Kejang-kejangnya semakin berkurang — dan akhirnya menghilang.
"Setiap kali aku merasakannya datang, aku berseru: 'Tuhan adalah tempat perlindungan dan kekuatanku.' Dan ia pun pergi."

Doa untuk Kesembuhan

Tuhan Damai,

Engkau perintahkan ketenangan di tengah badai. Atur ulang setiap saraf dan neuron di otakku. Redamkan setiap gangguan listrik. Patahkan akar trauma, ketakutan, dan penderitaan yang diwariskan. Baik fisik maupun rohani, aku perintahkan kejang-kejang untuk berhenti — dalam nama Yesus.

Biarkan kedamaian berkuasa dalam tubuhku, darahku, dan otakku.

Amin.

Deklarasi Penyembuhan Harian

Otakku telah pulih.

Tak akan ada lagi kegagalan, tak akan ada guncangan, tak akan ada lagi kerusakan. Aku memiliki pikiran Kristus. Aku memiliki pikiran yang sehat dan tubuh yang kuat. Sang Raja Damai menguasai sistem sarafku. Aku utuh, dan aku bebas.

Titik Aksi

- Buatlah makanan kaya magnesium atau teh yang menenangkan
- Ucapkan Mazmur 46 dengan lantang ketika merasa cemas atau tidak stabil
- Urapi kepala Anda atau kepala anak Anda dengan minyak dan nyatakan Lukas 4:18

Jurnal Prompt

- Apa yang saya percayai tentang kuasa Tuhan untuk memulihkan keseimbangan neurologis?
- Pernahkah saya mencampuradukkan penyakit fisik dengan penindasan rohani — atau sebaliknya?

Pertanyaan Diskusi Kelompok Penyembuhan

1. Mengapa epilepsi sering disalahpahami dalam komunitas Kristen?
2. Bagaimana kita dapat lebih mendukung keluarga anak-anak dengan gangguan kejang?
3. Ayat Alkitab apa yang dapat kita gunakan untuk menyampaikan kedamaian pada pikiran dan otak?

Momen Refleksi

Letakkan kedua tangan dengan lembut di atas kepala Anda dan bisikkan:

"Setiap badai di otakku mereda. Aku menerima ketenangan, kesembuhan, dan kedamaian. Aku dipulihkan."

Hari ke-33 – Penyembuhan dari Gondok & Nodul Tiroid

"Ketika suaramu diredam, Tuhan turun tangan untuk memulihkan apa yang musuh coba bungkam."

Fokus Kitab Suci

"Di kedua sisi sungai itu berdiri pohon kehidupan... dan daun-daunnya untuk penyembuhan bangsa-bangsa." — Wahyu 22:2 (NIV)

"Kamu akan melayani Tuhan, Allahmu, dan Dia akan memberkati roti dan airmu; dan Aku akan menyingkirkan penyakit dari tengah-tengahmu." — Keluaran 23:25 (KJV)

"Bukalah mulutmu lebar-lebar, dan Aku akan membuatnya penuh." — Mazmur 81:10 (ESV)

"Suara orang yang berseru-seru di padang gurun..." — Matius 3:3

Tantangan Kesehatan Global

Gondok adalah pembengkakan abnormal kelenjar tiroid di leher, yang sering kali disebabkan oleh **kekurangan yodium** , stres, autoimunitas, atau racun. Penyakit ini memengaruhi lebih dari **200 juta orang di seluruh dunia** , terutama di Afrika, Asia, dan daerah pegunungan terpencil. **Nodul tiroid** adalah benjolan yang dapat tumbuh di dalam kelenjar. Sebagian besar jinak, tetapi dapat mengganggu **kemampuan berbicara, menelan, keseimbangan hormon, dan bahkan kepercayaan diri** karena pembengkakan yang terlihat.

Gangguan-gangguan ini dapat meredam **suara harfiah Anda—dan suara rohani** Anda . Namun, **Tuhan yang**

memanggil para nabi dan menyembuhkan orang-orang bisu masih menyentuh tiroid dan memperbarui apa yang telah terkekang.

Obat Penyembuhan dari Penciptaan

Bladderwrack (***Fucus vesiculosus*** **)** – Sumber yodium alami
Ashwagandha (***Withania somnifera*** **)** – Mengatur hormon tiroid
Kunyit (***Curcuma longa*** **)** – Anti-inflamasi dan mengecilkan nodul
Garam laut (tidak dimurnikan) – Sumber yodium yang lebih baik daripada garam meja
Kacang Brazil – Tinggi selenium, penting untuk fungsi tiroid
Kelor (***Moringa oleifera*** **)** – Dukungan hormon dan kekebalan tubuh
Lemon Balm (***Melissa officinalis*** **)** – Menenangkan aktivitas tiroid yang berlebihan

Obat 1: Tonik Pendukung Tiroid

- **Apa yang Anda Butuhkan:**
  - ½ sdt bubuk bladderwrack *(Fucus vesiculosus)*
  - 1 sdt madu mentah
  - Air hangat
- **Cara Penggunaan:**
  - Campur dan minum pertama kali di pagi hari (tidak untuk hipertiroid kecuali diresepkan)
- **Khasiat :** Mengembalikan keseimbangan yodium, mengecilkan gondok, menunjang metabolisme

Obat 2: Pasta Kunyit dan Ashwagandha

- **Apa yang Anda Butuhkan:**
    - ½ sdt kunyit
    - ½ sdt ashwagandha
    - 1 sdt minyak kelapa
- **Cara Penggunaan:**
    - Campurkan hingga menjadi pasta hangat, minum setelah makan sekali sehari
- **Khasiat:** Mengurangi nodul, peradangan, menyeimbangkan hormon tiroid

Obat 3: Camilan Berenergi Selenium

- **Apa yang Anda Butuhkan:**
    - 2–3 kacang Brazil
    - Opsional: Campur dengan kurma atau kelapa untuk energi
- **Cara Penggunaan:**
    - Makan setiap hari di pagi hari
- **Efek:** Mendukung enzim tiroid, mengurangi pembentukan nodul

Wawasan Penyembuhan: Tuhan Menyembuhkan Tempat-Tempat yang Hening

Kelenjar tiroid terletak di tenggorokan Anda — pusat **suara, ekspresi, dan identitas Anda** . Ketika kelenjar ini membengkak, tubuh sering kali memberi sinyal adanya **penekanan** — secara fisik, emosional, atau spiritual. Beberapa orang kehilangan suara karena ketakutan, stres, atau kelalaian kronis. Yang lain memikul beban yang tak pernah mereka bicarakan, dan tiroid merekalah yang menahannya.

Tetapi Yesus mengkhususkan diri dalam **memulihkan mereka yang terdiam** .

Apakah penyakit gondok Anda disebabkan oleh trauma, kekurangan, atau kutukan turun-temurun —
Tuhan sedang melepaskan suara Anda dan meringankan beban Anda.

Kisah Penyembuhan – Nepal & Nigeria

Suara Leela Pulih – Kathmandu, Nepal

Leela menderita gondok besar yang terlihat jelas dan hampir tidak bisa berbicara tanpa batuk. Seorang herbalis Kristen setempat memberinya obat sakit kandung kemih dan kunyit, dan pendetanya memimpin doa selama 21 hari dengan Mazmur 81:10. Pembengkakannya berkurang 70% dalam 3 bulan.

"Saya berbicara sekarang tanpa rasa takut. Tuhan memulihkan martabat dan suara saya."

Kesaksian Grace tentang Nodul – Lagos, Nigeria.

Grace memiliki beberapa nodul tiroid dan dijadwalkan untuk operasi. Ia mulai mengonsumsi kelor dan kacang Brazil setiap hari, sementara persekutuan wanitanya berdoa dengan ayat Yesaya 58:8. Hasil pemindaian baru menunjukkan nodul-nodul tersebut telah larut.

"Saya mengenakan syal untuk menyembunyikan rasa malu saya — tetapi sekarang, saya bernyanyi di paduan suara lagi."

Doa untuk Kesembuhan

Tuhan Sang Pengatur Suara dan Pembuluh Darah,
Sentuhlah leherku, tiroidku, kotak suaraku. Singkirkan semua pembengkakan, benjolan, dan ketidakseimbangan. Bersihkan aku dari semua kekurangan nutrisi dan emosi. Pulihkan bagian diriku yang berekspresi, mendeklarasikan,

dan bernyanyi. Putuskan semua rantai rohani yang membelenggu suaraku. Dalam nama Yesus, Amin.

Deklarasi Penyembuhan Harian

Aku tidak bengkak.

Aku tidak takut. Tiroidku sudah sembuh. Leherku sudah sembuh. Suaraku bebas.

Aku mendeklarasikan hidup dan kesehatan dari akar hingga buahnya — dalam nama Yesus!

Titik Aksi

- Tambahkan bladderwrack, kacang Brazil, atau makanan kaya yodium ke dalam makanan Anda
- Bacakan Mazmur 81:10 dengan lantang setiap pagi
- Pijat leher dengan lembut sambil mengurapi dengan minyak zaitun dan berbicara penyembuhan

Jurnal Prompt

- Pernahkah saya merasa terdiam — secara emosional atau spiritual?
- Bagaimana hal itu berhubungan dengan apa yang terjadi dalam tubuh saya?

Pertanyaan Diskusi Kelompok Penyembuhan

1. Mengapa masalah tiroid umum terjadi di antara orang-orang yang memiliki karunia spiritual (terutama wanita)?
2. Apa sajakah cara untuk mendapatkan kembali suara Anda, baik secara fisik maupun spiritual?
3. Bagikan pengalaman di mana Tuhan menyembuhkan sesuatu yang tersembunyi atau memalukan dalam hidup Anda.

Momen Refleksi
Letakkan tanganmu dengan lembut di atas tenggorokanmu dan ucapkan:
Suaraku berarti. Tubuhku telah pulih. Aku akan berbicara, bernyanyi, dan hidup bebas — untuk kemuliaan Tuhan.

Hari ke-34 – Penyembuhan dari Fibroid & Kram Menstruasi

Rahimmu bukanlah tempat penderitaan — melainkan tempat janji. Tuhan sedang memulihkan keteraturan di tempat yang pernah ada rasa sakit.

Fokus Kitab Suci

"Tidak akan ada seorang pun yang mencampakkan anak-anaknya, atau menjadi mandul di tanahmu; Aku akan menggenapi jumlah hari-harimu." — Keluaran 23:26 (TB)
"Ia menyembuhkan orang-orang yang patah hati dan membalut luka-luka mereka." — Mazmur 147:3 (TB)
"Daun pohon-pohon itu untuk penyembuhan bangsa-bangsa." — Wahyu 22:2 (TB)
"Berbahagialah buah kandunganmu." — Ulangan 28:4 (TB)

Tantangan Kesehatan Global

Fibroid rahim memengaruhi lebih dari **70% wanita** di seluruh dunia pada usia 50 tahun. Fibroid adalah **pertumbuhan non-kanker** di dalam atau di sekitar rahim, yang menyebabkan **pendarahan hebat, tekanan, infertilitas, keguguran** , dan **nyeri perut terus-menerus** .

Kram menstruasi (dismenore) mengganggu hingga **90% wanita** , seringkali mengganggu kehidupan sehari-hari, pekerjaan, dan kesehatan mental. Gejala-gejala ini jarang dibicarakan secara terbuka — yang menyebabkan penderitaan yang tersembunyi.

Namun dalam Kitab Suci, **rahim adalah tempat janji** , bukan tempat penderitaan. Yesus menyembuhkan **perempuan yang mengalami pendarahan** dan memulihkan sukacita mereka yang terbelenggu dalam tubuh mereka.
Ia masih menyembuhkan sampai hari ini — bukan hanya gejalanya, tetapi **akar permasalahannya** .

Obat Penyembuhan dari Penciptaan

Kunyit (***Curcuma longa*** **)** – Antiinflamasi yang kuat, mengecilkan fibroid.
Paket Minyak Jarak – Melarutkan fibroid, meredakan nyeri.
Jahe (***Zingiber officinale*** **)** – Meredakan kram menstruasi, meningkatkan aliran darah.
Vitex / Chasteberry (***Vitex agnus-castus*** **)** – Mengatur hormon, mengurangi kista dan fibroid.
Daun Raspberry Merah (***Rubus idaeus*** **)** – Mengencangkan rahim, mengurangi kram.
Teh Akar Dandelion (***Taraxacum officinale*** **)** – Detoksifikasi hati, menyeimbangkan estrogen.

Obat 1: Campuran Herbal Penurun Fibroid

- **Apa yang Anda Butuhkan:**
  - 1 sdt bubuk kunyit
  - ½ sdt bubuk jahe
  - 1 sdt cuka sari apel
  - Air hangat
- **Cara Penggunaan:**
  - Campur dan minum setiap hari sebelum sarapan selama 3 minggu, istirahat 1 minggu

- **Efek:** Mengurangi pertumbuhan fibroid, menyeimbangkan peradangan dan hormon

Obat 2: Paket Penyembuhan Minyak Jarak

- **Apa yang Anda Butuhkan:**
    - Minyak jarak (diperas dingin)
    - Kain katun + bungkus plastik
    - Botol air panas atau bantalan pemanas

- **Cara Penggunaan:**
    - Rendam kain dalam minyak jarak, letakkan di perut bagian bawah, tutup dengan plastik, berikan panas selama 30–45 menit 3x seminggu
- **Khasiat:** Menghancurkan jaringan fibroid, meredakan kram, melancarkan peredaran darah rahim

Obat 3: Teh Daun Raspberry untuk Meredakan Kram

- **Apa yang Anda Butuhkan:**
    - 1 sdm daun raspberry merah
    - 1½ cangkir air panas
- **Cara Penggunaan:**
    - Seduh selama 10 menit, saring, dan minum 1-2 cangkir setiap hari terutama sebelum dan selama menstruasi.
- **Khasiat :** Mengurangi rasa nyeri, menguatkan rahim, menjaga keseimbangan menstruasi

Wawasan Penyembuhan: Rahim Diciptakan untuk Melahirkan, Bukan untuk Berdarah

Musuh selalu memerangi rahim — karena rahim membawa **generasi, takdir, dan perjanjian** . Apa yang terjadi di dalam rahim Anda bukan hanya fisik — melainkan spiritual.

Namun, ketika Yesus mencurahkan darah-Nya, Dia mematahkan kutukan atas setiap pendarahan yang tidak perlu. Anda tidak perlu hidup dalam siklus rasa sakit dan malu.

Rahimmu diberkati.

Aliranmu suci. Buahmu akan sempurna — dan rasa sakit tak akan menentukan kewanitaanmu.

Kisah Penyembuhan – Afrika Selatan & Jamaika

Hilangnya Fibroid Thandi – Durban, Afrika Selatan. Didiagnosis memiliki tiga fibroid, Thandi diberi tahu bahwa operasi adalah satu-satunya pilihannya. Seorang saudari Kristen memberinya teh kunyit-jahe dan menganjurkan penggunaan minyak jarak. Ia berdoa dengan Yesaya 54 setiap hari. Dua bulan kemudian, hasil pemindaian menunjukkan tidak ada fibroid.

"Aku menangis. Kali ini bukan karena sakit—melainkan karena sukacita. Tuhan menyentuh rahimku."

Keajaiban Menstruasi Marsha – Kingston, Jamaika. Kram menstruasi Marsha begitu parah hingga ia sering pingsan setiap bulan. Setelah bergabung dengan kelompok penyembuhan, ia mulai minum teh daun raspberry dan menulis deklarasi dari Ulangan 28. Menstruasi berikutnya datang tanpa rasa sakit. Sejak itu, ia selalu merasa damai setiap kali menstruasi.

"Dulu aku takut pada kewanitaanku. Sekarang aku menerimanya."

Doa untuk Kesembuhan

Bapa Kehidupan,
Engkau merancang rahimku untuk membawa janji, bukan rasa sakit. Singkirkan semua fibroid, kista, pembengkakan, dan ketidakseimbangan. Sembuhkan badai hormon dalam tubuhku. Biarlah darah Yesus berbicara lebih baik daripada darah yang mengalir setiap bulan. Aku menerima kesembuhan dari akarnya. Biarlah tubuhku bersukacita kembali — dalam nama Yesus. Amin.

Deklarasi Penyembuhan Harian

Aku tidak terikat darah.
Aku tidak terkubur fibroid. Rahimku utuh. Aliran darahku sembuh.
Hormonku seimbang.
Aku membawa tujuan, bukan rasa sakit — dalam nama Yesus!

Titik Aksi

- Oleskan kompres minyak jarak 2–3 kali minggu ini
- Siapkan teh daun raspberry dan nyatakan Keluaran 23:26 saat Anda meminumnya
- Tuliskan "berkat rahim" dan bacalah dengan suara keras selama 7 hari

Jurnal Prompt

- Apa yang saya yakini tentang tubuh saya sebagai seorang wanita — dan apakah itu selaras dengan Firman Tuhan?

- Bagaimana saya bisa mulai memberkati siklus saya daripada mengutuknya?

Pertanyaan Diskusi Kelompok Penyembuhan

1. Bagaimana wanita dapat saling mendukung saat mengalami fibroid atau nyeri haid tanpa rasa malu?
2. Ramuan alami apa yang tumbuh secara lokal di daerah Anda yang dapat mendukung kesehatan wanita?
3. Apa yang Alkitab katakan tentang kekuatan rahim?

Momen Refleksi

Letakkan tangan Anda di perut bagian bawah dan ucapkan:
Rahim ini adalah tempat janji, bukan tempat rasa sakit. Tubuhku telah disembuhkan. Kewanitaanku telah diberkati.

Hari ke-35 – Penyembuhan dari Libido Rendah & Disfungsi Ereksi

Keintiman adalah ide Tuhan. Pemulihan adalah anugerah-Nya. Jangan biarkan apa pun mencuri sukacita kasih perjanjian.

Fokus Kitab Suci

"Biarlah air manimu diberkati, dan bergembiralah karena istri masa mudamu… semoga buah dadanya selalu memuaskanmu." — Amsal 5:18–19 (NIV)
"Keduanya akan menjadi satu daging." — Kejadian 2:24 (KJV)
"Pernikahan haruslah dihormati oleh semua orang, dan tempat tidur pernikahan haruslah dijaga tetap murni." — Ibrani 13:4 (NIV)
"Daun pohon-pohon itu digunakan untuk menyembuhkan bangsa-bangsa." — Wahyu 22:2 (NLT)

Tantangan Kesehatan Global

(hasrat seksual) **rendah dan disfungsi ereksi (DE)** memengaruhi jutaan pria di seluruh dunia — tidak hanya pada usia tua, tetapi semakin meningkat di kalangan pria muda karena **stres, pola makan yang buruk, ketidakseimbangan hormon, efek samping obat, kecanduan pornografi, dan luka emosional** .
DE bukan hanya tentang performa — ini tentang **koneksi, kepercayaan, dan perjanjian** . Dan banyak yang menderita dalam diam karena malu.
Namun, Tuhan, yang merancang persatuan pernikahan, tidak tinggal diam dalam hal penyembuhan. Dia peduli akan sukacita **, kesatuan, dan keintiman** putra-putri-Nya.

Obat Penyembuhan dari Penciptaan

Akar Maca (***Lepidium meyenii*** **)** – Meningkatkan libido, energi, dan kesuburan

Tongkat Ali (***Eurycoma longifolia*** **)** – Penambah testosteron alami

Biji Klabet (***Trigonella foenum-graecum*** **)** – Menyeimbangkan hormon, meningkatkan stamina

Jahe (***Zingiber officinale*** **) + Madu** – Meningkatkan aliran darah dan gairah

Semangka (***Citrullus lanatus*** **)** – Sumber alami L-citrulline (meningkatkan ereksi)

Ashwagandha (***Withania somnifera*** **)** – Meredakan kelelahan seksual akibat stres

Obat 1: Tonik Penambah Libido

- **Apa yang Anda Butuhkan:**
  - 1 sdt bubuk akar maca
  - 1 sdt madu mentah
  - ½ sdt bubuk jahe
  - Air hangat atau susu
- **Cara Penggunaan:**
  - Campur dan minum di pagi hari atau 30 menit sebelum berhubungan intim (3–5x seminggu)
- **Efek:** Meningkatkan aliran darah, energi, dan hasrat

Obat 2: Teh Peningkat Fenugreek

- **Apa yang Anda Butuhkan:**
  - 1 sdt biji fenugreek *(Trigonella foenum-graecum)*

- 1½ gelas air

- **Cara Penggunaan:**
  - Rebus biji selama 10 menit, saring, dan minum setelah makan malam
- **Khasiat :** Meningkatkan kadar hormon, stamina, mengurangi rasa lelah

Obat 3: Camilan Semangka untuk Meningkatkan Libido

- **Apa yang Anda Butuhkan:**
  - 1–2 cangkir semangka segar
  - Taburan bubuk jahe
- **Cara Penggunaan:**
  - Makan 1 jam sebelum berhubungan intim (L-citrulline alami meningkatkan oksida nitrat)
- **Efek:** Meningkatkan kualitas dan durasi ereksi

Wawasan Penyembuhan: Tuhan Merancang Kesenangan dengan Tujuan

Tidak ada yang kotor tentang hasrat — ketika mengalir dalam perjanjian. Tuhan menciptakan keintiman untuk **kesatuan, sukacita, kenyamanan, dan kesuburan** . Libido rendah dan DE seringkali **tidak hanya disebabkan oleh faktor fisik** — namun bisa juga disebabkan oleh:

- **Penindasan spiritual**
- **Ketidakmampuan memaafkan dalam pernikahan**
- **Rasa malu atau kecanduan pornografi**
- **Harga diri rendah**

- **Trauma yang belum sembuh atau kecemasan kinerja**

Tuhan tidak mempermalukan pergumulanmu — Dia mengundangmu ke dalam pemulihan.
Dia memulihkan keintiman. Dia menyembuhkan apa yang telah digunakan musuh untuk memecah belah. Dan Dia menghidupkan kembali percikan persatuan yang dimaksudkan untuk mencerminkan Kristus dan Gereja.

Kisah Penyembuhan – Brasil & Uganda

Pembaruan Pernikahan Eduardo – São Paulo, Brasil

Setelah menderita disfungsi ereksi selama 2 tahun, pernikahan Eduardo mulai retak. Sebuah kelompok pria mengajarinya tentang akar maca dan Mazmur 103. Ia mulai minum ramuan herbal setiap hari dan mulai berdoa bersama istrinya lagi. Dalam sebulan, keintiman kembali terjalin.
Rasa malunya hilang. Kami tertawa lagi. Pernikahan saya dihidupkan kembali.

Pembebasan Pendeta Sam – Kampala, Uganda

Sam diam-diam bergumul dengan libido rendah, menyalahkan stres pelayanan. Setelah berpuasa tiga hari dan berdoa untuk pembebasan atas Ibrani 13:4, ia mengaku dosa kepada istrinya, memaafkan dirinya sendiri, dan mulai minum teh fenugreek. Kesembuhan pun datang, baik secara fisik maupun rohani.
"Tuhan tidak hanya menyembuhkan tubuhku, tetapi juga perjanjian pernikahanku."

Doa untuk Kesembuhan

Bapa Kasih dan Pemulihan,
Engkau menciptakan keintiman sebagai anugerah, bukan

kutukan. Sembuhkan hormon, aliran darah, dan emosiku. Bersihkan aku dari rasa malu, kecanduan, dan ketakutan akan performa. Pulihkan hasratku, segarkan tubuhku, dan perbarui hubunganku dengan pasanganku. Biarlah ranjang pernikahanku menjadi tempat sukacita, keutuhan, dan kekudusan. Dalam nama Yesus, Amin.

Deklarasi Penyembuhan Harian

Tubuhku telah disembuhkan.
Emosiku utuh. Kerinduanku saleh. Keintimanku dipulihkan.
Perjanjianku diberkati.
Aku menolak rasa malu, aku merangkul sukacita — dalam nama Yesus!

Titik Aksi

- Siapkan tonik maca-jahe minggu ini
- Membatalkan kesepakatan dengan rasa malu atau kerahasiaan — bicarakan penyembuhan dengan pasangan Anda
- Puasa dari media yang mendistorsi keintiman (porno, hiburan beracun) selama 3–7 hari

Jurnal Prompt

- Apa yang membentuk keyakinan saya tentang seksualitas dan pernikahan?
- Di mana saya perlu mengundang Yesus ke dalam keintiman dan identitas saya?

Pertanyaan Diskusi Kelompok Penyembuhan
(Kelompok Pria atau Pernikahan)

1. Mengapa kesehatan seksual merupakan hal yang tabu di kalangan Kristen, dan bagaimana kita dapat memecah kesunyian tersebut dengan kasih karunia?
2. Bagaimana dukungan herbal dan alami mencerminkan kepedulian Tuhan terhadap setiap bagian diri kita?
3. Ayat Alkitab apa yang dapat didoakan bersama oleh pasangan ketika penyembuhan dibutuhkan dalam keintiman mereka?

Momen Refleksi
Letakkan tangan Anda di atas jantung atau perut bagian bawah dan ucapkan:
"Bagian diriku ini diberkati. Aku utuh. Aku disembuhkan. Perjanjianku kuat, penuh sukacita, dan saleh."

Hari ke-36 – Penyembuhan dari Alergi Berat & Kepekaan Lingkungan

"Bahkan ciptaan pun mengerang—tetapi Sang Pencipta tetap berkuasa. Kamu diciptakan untuk bernapas, bukan untuk berjuang demi setiap tarikan napas."

Fokus Kitab Suci
"TUHAN akan menjauhkanmu dari segala penyakit." — Ulangan 7:15 (TB)
"Engkau akan menginjak singa dan ular kobra... karena ia mengasihi Aku, maka Aku akan menyelamatkannya." — Mazmur 91:13–14 (TB)
"Aku akan memulihkan kesehatanmu dan

menyembuhkan luka-lukamu, firman TUHAN." — Yeremia 30:17 (TB)
"Daun pohon-pohon itu untuk kesembuhan bangsa-bangsa." — Wahyu 22:2 (TB)

Tantangan Kesehatan Global

Alergi dan sensitivitas lingkungan kini memengaruhi lebih dari **1 dari 4 orang di seluruh dunia** . Ini termasuk:

- **Alergi makanan parah (misalnya kacang-kacangan, kerang)**
- **Alergi musiman (serbuk sari, debu, jamur)**
- **Sensitivitas terhadap bahan kimia (parfum, polutan, bahan pembersih)**
- **Respons mirip asma terhadap iritan yang tidak diketahui**

Beberapa mengalami **ruam kulit, gatal-gatal, pembengkakan, masalah pencernaan, anafilaksis, kabut otak, atau kelelahan kronis** .

Secara spiritual, hal itu mencerminkan kebenaran yang lebih dalam: beberapa tubuh bereaksi **berlebihan terhadap ciptaan** — padahal kita dipanggil untuk **berjalan dalam kekuasaan** atasnya.

Tuhan ingin **mengatur ulang sistem kekebalan tubuh Anda** , mendatangkan kedamaian bagi sel-sel yang bereaksi berlebihan, dan memulihkan **kegembiraan di lingkungan Anda** .

Obat Penyembuhan dari Penciptaan

Jelatang (***Urtica dioica*** **)** – Antihistamin alami, ampuh untuk alergi musiman

Quercetin (dari bawang, apel, beri) – Menstabilkan sel mast dan respons imun

Madu (lokal, mentah) – Membangun resistensi terhadap

alergen serbuk
sari Kunyit (***Curcuma longa*** **) + Lada Hitam** –
Mengurangi peradangan
Vitamin C (buah Amla, jeruk, jambu biji) –
Meningkatkan keseimbangan imun
Kelor (***Moringa oleifera*** **)** – Memerangi gangguan pernapasan, membersihkan saluran hidung
Butterbur (***Petasites hybridus*** **)** – Untuk demam serbuk sari, tekanan sinus, dan migrain

Obat 1: Teh Antihistamin Jelatang

- **Apa yang Anda Butuhkan:**
  - 1 sdm daun jelatang kering
  - 1½ cangkir air mendidih
- **Cara Penggunaan:**
  - Seduh selama 10–15 menit, saring, dan minum 1–2 cangkir setiap hari saat alergi kambuh.
- **Efek:** Menekan histamin, membersihkan saluran hidung

Obat 2: Penguat Quercetin & Vitamin C

- **Apa yang Anda Butuhkan:**
  - ½ bawang merah (quercetin)
  - 1 apel (dengan kulitnya)
  - Air perasan 1 buah lemon
  - 1 sdt madu mentah
- **Cara Penggunaan:**
  - Campurkan ke dalam smoothie atau konsumsi mentah setiap hari
- **Khasiat :** Mengurangi respon alergi, melindungi selaput lendir

Solusi 3: Protokol Desensitisasi Madu

- **Apa yang Anda Butuhkan:**
  - 1 sdt madu lokal mentah
- **Cara Penggunaan:**
  - Diminum setiap hari saat perut kosong selama 3–6 bulan (membangun ketahanan terhadap serbuk sari)
- **Efek:** Pengurangan alergi musiman jangka panjang

Wawasan Penyembuhan: Kedamaian Imun Itu Mungkin

Alergi adalah **serangan tubuh terhadap sesuatu yang tidak berbahaya** . Namun, ini bukanlah rancangan awal Tuhan.

Banyak reaksi alergi bersumber dari **hati yang kelebihan beban, kesehatan usus yang buruk, stres kronis** , dan kurangnya pengampunan spiritual **atau kewaspadaan berlebihan** .

Dalam istilah spiritual: ketika kita merasa terus-menerus terancam, tubuh kita mencerminkan ketakutan itu.

Namun Yesus datang untuk **membawa kedamaian — dalam roh, jiwa, dan sistem kekebalan tubuh** .

Tubuhmu bisa tenang.

Sel-selmu bisa dilatih ulang. Kamu tidak ditakdirkan untuk takut pada lingkunganmu sendiri.

Kisah Penyembuhan – Kanada & Kenya

Pembebasan Musim Semi Sophie – Ontario, Kanada

Setiap musim semi, Sophie tidak bisa keluar rumah karena demam serbuk sari yang parah. Ia mulai minum teh

jelatang, beralih ke diet rendah histamin, dan berpuasa dengan Mazmur 91 setiap hari. Musim semi berikutnya, ia berjalan melewati ladang bunga tanpa bersin sekali pun.
"Saya tidak lagi alergi terhadap musim saya. Saya melangkah ke dalamnya dengan penuh kesembuhan."

Sensitivitas Kimiawi Petrus Sembuh – Nairobi, Kenya
Petrus tidak tahan dengan parfum atau udara kota. Ia menggunakan kelor setiap hari dan diurapi dalam sebuah kebaktian penyembuhan. Kelompoknya menyatakan Ulangan 7:15 atas dirinya selama 30 hari. Ia kini bebas bekerja di luar ruangan.
"Aku tak lagi bersembunyi. Udara tak lagi mencekikku. Tuhan meniupkan kedamaian ke dalam paru-paruku."

Doa untuk Kesembuhan
Tuhan Napas dan Keseimbangan,
Engkau membentuk tubuhku, dan Engkau dapat menyembuhkan setiap sel. Tenangkan sistem kekebalan tubuhku. Bersihkan aku dari racun yang berlebihan. Pulihkan kedamaian pada sistem saraf, usus, dan kulitku. Biarkan aku tidak lagi takut pada lingkunganku. Aku mengambil kembali kekuasaan, dalam nama Yesus. Amin.

Deklarasi Penyembuhan Harian
Aku tidak alergi terhadap takdirku.
Ciptaan memberkatiku — ia tidak menyakitiku. Sistem kekebalan tubuhku diatur ulang oleh surga. Napasku jernih. Reaksiku disembuhkan. Setiap reaksi berlebihan dalam tubuhku dibungkam — dalam nama Yesus!

Titik Aksi

- Beristirahatlah selama 3 hari dari makanan olahan dan pembersih beracun
- Siapkan teh jelatang atau penguat bawang-apel minggu ini
- Ucapkan Mazmur 91 dengan lantang ketika memasuki lingkungan yang sensitif

Jurnal Prompt

- Lingkungan seperti apa yang memicu saya secara fisik dan emosional — dan apa yang Tuhan undang saya untuk dapatkan kembali?
- Apakah saya hidup dalam ketakutan terhadap lingkungan sekitar saya atau dalam iman bahwa Dia dapat mengubahnya?

Pertanyaan Diskusi Kelompok Penyembuhan

1. Persamaan spiritual apa yang dapat kita tarik dari alergi dan reaksi berlebihan?
2. Bagaimana kita dapat mendukung anak-anak dan orang dewasa yang mengalami kepekaan yang parah?
3. Bagaimana cara mendapatkan kembali kedamaian dalam tubuh dan lingkungan kita?

Momen Refleksi

Tarik napas dalam-dalam dan perlahan, lalu ucapkan:
"Aku menerima napas surga. Aku tak lagi berseteru dengan ciptaan. Aku telah sembuh. Aku utuh."

Hari ke-37 – Penyembuhan Batu Empedu & Gangguan Pankreas

"Batu yang membebani tubuhmu tidak sebanding dengan Batu Keselamatanmu. Tuhan sedang membersihkan batinmu."

Fokus Kitab Suci

"Aku akan menyucikan mereka dari segala kesalahan mereka." — Yeremia 33:8 (TB)
"Dari dalam perutnya akan mengalir sungai-sungai air hidup." — Yohanes 7:38 (TB)
"Ia menyembuhkan orang-orang yang patah hati dan membalut luka-luka mereka." — Mazmur 147:3 (TB)
"Daun pohon-pohon itu untuk penyembuhan bangsa-bangsa." — Wahyu 22:2 (TB)

Tantangan Kesehatan Global

Batu empedu adalah endapan keras yang terbentuk di kantong empedu, memengaruhi lebih dari **20 juta orang** di seluruh dunia. Batu empedu dapat menyumbat aliran empedu, menyebabkan **nyeri, kembung, mual, penyakit kuning** , dan dalam kasus yang parah, operasi darurat.
Pankreatitis adalah peradangan pankreas, sering dipicu oleh **batu empedu, alkohol, pola makan yang buruk, atau infeksi** , yang menyebabkan **nyeri perut parah** , muntah, demam, dan komplikasi yang mengancam jiwa.
Kedua organ tersebut **tersembunyi, internal, dan penting untuk pencernaan** — dan jika terganggu, keduanya akan memengaruhi **seluruh tubuh** .
Tetapi Tuhan mengkhususkan diri dalam membersihkan sistem internal — **secara fisik, emosional, dan spiritual** .

Obat Penyembuhan dari Penciptaan

Akar Dandelion (*Taraxacum officinale*) – Detoksifikasi hati & kantong empedu

Daun Artichoke (*Cynara scolymus*) – Meningkatkan aliran empedu dan mengurangi batu

Milk Thistle (*Silybum marianum*) – Melindungi pankreas dan hati

Cuka sari apel – Melunakkan batu empedu dan meningkatkan pencernaan

Kunyit (*Curcuma longa*) – Mengurangi peradangan pada pankreas

Daun Pepaya (*Carica papaya*) – Membantu aktivitas enzim, memperbaiki pankreas

Pembersihan dengan Jus Lemon & Minyak Zaitun – Pembersihan tradisional untuk batu empedu (dalam perawatan)

Obat 1: Minuman Pelunak Batu Empedu

- **Apa yang Anda Butuhkan:**
  - 2 sdm cuka sari apel
  - Air perasan 1 buah lemon
  - 1 gelas air hangat
- **Cara Penggunaan:**
  - Minum setiap pagi saat perut kosong selama 14–21 hari
- **Khasiat :** Melunakkan batu empedu, merangsang pembersihan kantong empedu

Obat 2: Teh Detoks Pankreas

- **Apa yang Anda Butuhkan:**
  - 1 sdt akar dandelion kering
  - 1 sdt daun pepaya atau milk thistle

- o 1½ gelas air
- **Cara Penggunaan:**
  - o Rebus, seduh selama 15 menit, saring, dan minum 1 gelas setiap hari
- **Khasiat:** Mengurangi peradangan, meningkatkan keseimbangan enzim pencernaan

Obat 3: Salad Penyembuhan Kantung Empedu

- **Apa yang Anda Butuhkan:**
  - o Hati artichoke, wortel parut, jus lemon, minyak zaitun
- **Cara Penggunaan:**
  - o Makan 3x seminggu sebagai bagian dari makan siang atau makan malam
- **Efek:** Mendukung aliran empedu dan pembersihan hati

Wawasan Penyembuhan: Membersihkan Hal-Hal Tersembunyi

Batu empedu dan gangguan pankreas seringkali **tersembunyi hingga rasa sakit mengungkapkannya** . Secara spiritual, hal ini mencerminkan bagaimana **kepahitan, pilihan yang buruk, atau penumpukan racun** dapat terakumulasi secara diam-diam — hingga terjadi krisis.

Namun Yesus berkata, *"Dari dalam perutmu akan mengalir sungai-sungai air hidup."* Itu termasuk:

- Pencernaan bersih
- Kedamaian emosional
- Detoksifikasi batin
- Keberanian suci

Dia ingin **membersihkan setiap batu rohani dan fisik** yang bersarang di tubuhmu.

Tak ada lagi penyumbatan. Tak ada lagi penumpukan. Tak ada lagi rasa sakit yang tersembunyi.

Kisah Penyembuhan – Mesir & Barbados

Amira Bebas dari Batu Empedu – Kairo, Mesir

Setelah berjuang melawan serangan batu empedu dan menolak operasi, Amira dianjurkan untuk minum teh dandelion dan minuman cuka lemon. Kelompok kecilnya mendoakannya setiap minggu. Dalam 30 hari, rasa sakitnya hilang. Hasil USG menunjukkan tidak ada batu empedu.

"Saya tidak butuh pisau. Saya butuh pembersihan — dan Tuhan menuntun saya ke sana."

Mukjizat Pankreas Pendeta Joel – Bridgetown, Barbados

Didiagnosis menderita pankreatitis kronis, Joel disarankan untuk menjalani perawatan seumur hidup. Ia beralih ke milk thistle, teh pepaya, dan puasa cairan sambil berdoa setiap hari dengan Mazmur 147. Hasil pemeriksaan lanjutannya menunjukkan tidak ada peradangan, dan energinya kembali.

"Penyembuhan datang ketika saya menyerahkan apa yang tidak bisa saya perbaiki. Tuhan bekerja sangat dalam di dalam diri saya."

Doa untuk Kesembuhan

Bapa Pembersihan dan Penghiburan,
Selidiki tempat-tempat tersembunyi dalam diriku.
Bersihkan organ-organku, emosi-emosiku, jiwaku.

Larutkan setiap batu, setiap penyumbatan, setiap rasa sakit. Sentuh pankreasku, kantong empeduku, dan pulihkan tatanan ilahi. Biarkan sungai-sungai air penyembuhan mengalir dari dalam. Dalam nama Yesus, Amin.

Deklarasi Penyembuhan Harian

Tak ada lagi penyumbatan di tubuhku.
Tak ada batu yang akan menghalangi sukacitaku.
Pencernaanku pulih. Pankreasku tenang. Sistem tubuhku bersih. Dari dalam ke luar, aku disembuhkan — dalam nama Yesus!

Titik Aksi

- Mulailah pembersihan kantong empedu selama 7 hari dengan ACV dan lemon
- Siapkan salad penyembuh atau teh dandelion minggu ini
- Mintalah kepada Tuhan untuk menunjukkan **batu-batu emosional atau spiritual apa pun** yang harus dilepaskan

Jurnal Prompt

- Apa yang saya pegang — secara emosional atau fisik — yang mungkin menyakiti saya?
- Apa artinya "mengalir" lagi, tanpa hambatan internal?

Pertanyaan Diskusi Kelompok Penyembuhan

1. Mengapa beberapa penyakit paling berbahaya adalah penyakit yang tidak dapat kita lihat?
2. Apa saja cara alami yang dapat kita lakukan untuk mendukung kesehatan hati, kantong empedu, dan pankreas kita dalam kehidupan sehari-hari?

3. Secara spiritual, apa yang bisa dilambangkan oleh "batu empedu" di hati kita?

Momen Refleksi
Letakkan tanganmu di perutmu dan nyatakan:
"Aku melepaskan apa yang tak lagi kubutuhkan. Aku menerima air penyembuhan dari Tuhan. Aku bebas, aku bersih, aku utuh."

Hari ke-38 – Penyembuhan Hernia & Nyeri Selangkangan

"Apa yang robek bisa diperbaiki. Apa yang menonjol bisa disejajarkan kembali. Tuhan sedang memulihkan apa yang telah hancur—baik secara fisik maupun rohani."

Fokus Kitab Suci

"Dia menyembuhkan orang yang patah hati dan membalut luka-luka mereka." — Mazmur 147:3 (NIV)
"Kuatkanlah tangan yang lemah, dan teguhkanlah lutut yang goyah." — Yesaya 35:3 (ESV)
"Dia memberi kekuatan kepada yang lemah dan kepada yang tidak berdaya Dia menambah kekuatan." — Yesaya 40:29 (NKJV)
"Daun pohon-pohon itu untuk penyembuhan bangsa-bangsa." — Wahyu 22:2 (NLT)

Tantangan Kesehatan Global

Hernia terjadi ketika bagian dalam tubuh mendorong melalui kelemahan pada dinding otot atau jaringan, biasanya di **selangkangan, pusar, atau area perut** . Hernia memengaruhi **lebih dari 20 juta orang** setiap tahunnya di seluruh dunia.

Nyeri pangkal paha dapat disebabkan oleh:

- Hernia
- Robeknya otot
- Peradangan atau infeksi
- Trauma pasca operasi
- Cedera olahraga

Masalah-masalah ini sering kali muncul **secara tiba-tiba** , memburuk saat tegang, dan dapat mengakibatkan

kecacatan jangka panjang atau pembedahan jika tidak ditangani.

Namun, Tuhan adalah **pembangun dan pembangun kembali** . Dia menyembuhkan **keretakan yang terlihat maupun kelemahan yang tersembunyi** dalam tubuh kita — dan juga fondasi kita.

Obat Penyembuhan dari Penciptaan

Akar Comfrey (***Symphytum officinale*** **)** – Dikenal sebagai "tulang rajut," mempercepat perbaikan jaringan

Kunyit (***Curcuma longa*** **)** – Mengurangi peradangan, meredakan nyeri otot

Ashwagandha (***Withania somnifera*** **)** – Memperkuat jaringan ikat dan mengurangi kortisol (yang melemahkan struktur otot)

Jus Nanas (Bromelain) – Anti-inflamasi, mengurangi pembengkakan

Kompres Minyak Jarak – Menyembuhkan jaringan parut dan mendukung aliran limfatik

Shea Butter + Frankincense Oil Balm – Meredakan nyeri pangkal paha dan peradangan secara topikal

Obat 1: Tonik Pendukung Hernia

- **Apa yang Anda Butuhkan:**
    - 1 sdt bubuk kunyit
    - 1 sdt bubuk ashwagandha
    - Susu atau air hangat berbahan dasar tumbuhan
- **Cara Penggunaan:**
    - Minum sebelum tidur setiap hari selama 2–4 minggu
- **Efek:** Mengurangi rasa sakit, mendukung penyembuhan dan perbaikan jaringan

Obat 2: Pijat Minyak Comfrey untuk Ketegangan Selangkangan

- **Apa yang Anda Butuhkan:**
  - Minyak yang mengandung komprei atau balsem komprei
  - Opsional: beberapa tetes minyak kemenyan
- **Cara Penggunaan:**
  - Oleskan pada bagian yang sakit 2–3 kali sehari sambil dipijat lembut
- **Khasiat:** Mengurangi peradangan, menguatkan otot yang lemah

Obat 3: Kompres Panas Minyak Jarak

- **Apa yang Anda Butuhkan:**
  - Minyak jarak, kain katun, bungkus plastik
  - Botol air panas atau bantalan pemanas
- **Cara Penggunaan:**
  - Tempelkan kompres pada perut atau selangkangan selama 30–45 menit, 3x seminggu
- **Efek:** Mendorong penyembuhan limfatik, mengurangi pembengkakan dan penumpukan bekas luka

Wawasan Penyembuhan: Tuhan yang Memperbaiki

Hernia lebih dari sekadar tonjolan — ia merupakan **pelanggaran** , **robekan** , **tempat tekanan** yang akhirnya menyerah.

Secara spiritual, banyak orang yang mengalami **keretakan internal** :

- Gangguan emosional
- Kelelahan rohani

- Kelelahan fisik karena membawa terlalu banyak barang dalam waktu yang lama

Namun Tuhan berkata, *"Aku membalut yang luka dan menyembuhkan yang robek."* Dia tidak hanya **menghilangkan rasa sakit** — Dia **menguatkan tempat** di mana rasa sakit itu pernah berada.
Titik lemahmu akan menjadi saksi kekuatanmu.
Lubang di perutmu tak lebih besar dari kuasa Tuhan.

Kisah Penyembuhan – India & Trinidad

Perbaikan Ilahi Ravi – Kerala, India.

Ravi menderita hernia inguinalis kecil yang menyebabkan nyeri saat mengangkat beban. Ia mengoleskan balsem komprei dan mengonsumsi kunyit-ashwagandha setiap hari. Setelah 40 hari berdoa dengan tekun dan membaca Yesaya 40, hasil pemindaiannya tidak menunjukkan hernia.
"Tuhan menulis ulang rasa sakit di tubuhku. Aku tak lagi takut mengangkat beban."

Penyembuhan Selangkangan Carla – Port of Spain, Trinidad

Carla mengalami nyeri selangkangan setelah melahirkan. Dokter menyarankan operasi. Namun, kelompok penyembuhannya mulai berdoa setiap minggu, ia menggunakan kompres kastor dan balsem kemenyan. Dalam beberapa minggu, nyerinya hilang dan ia kembali beraktivitas penuh.
"Bekas lukaku tidak mendefinisikan diriku. Tuhan menyembuhkan apa yang terasa mustahil."

Doa untuk Kesembuhan

Tuhan, Kekuatan dan Penyembuhku,
Perbaiki apa yang robek di tubuhku. Kuatkan otot, dinding, dan jaringan yang telah rusak. Sembuhkan setiap kerusakan yang tersembunyi — fisik, emosional, spiritual. Biarkan tatanan ilahi kembali. Aku menyatakan pemulihan atas setiap titik lemah. Dalam nama Yesus, Amin.

Deklarasi Penyembuhan Harian

Aku tidak runtuh — aku sedang dibangun kembali. Tubuhku kuat. Jaringanku sedang pulih. Otot-ototku sedang pulih. Aku berjalan dengan kekuatan, bukan dengan ketegangan. Retakan telah ditutup — dalam nama Yesus!

Titik Aksi

- Mulailah tonik kunyit + ashwagandha setiap malam selama 2 minggu
- Oleskan balsem komprei atau kompres jarak ke area yang terkena
- Bacalah Mazmur 147:3 atas tubuhmu sebelum tidur

Jurnal Prompt

- Di bagian mana dalam hidupku aku merasa seperti ada sesuatu yang "mengalah"?
- Bagaimana rupa Tuhan ketika membangun kembali saya — tubuh dan jiwa?

Pertanyaan Diskusi Kelompok Penyembuhan

1. Apa artinya Tuhan menyembuhkan apa yang "rusak" atau "tegang"?
2. Bagaimana pelanggaran fisik dapat mencerminkan beban spiritual atau emosional yang lebih dalam?
3. Praktik penyembuhan apa yang dapat membantu kita pulih dengan lembut tetapi disengaja?

Momen Refleksi
Letakkan kedua tangan di perut atau selangkangan Anda dengan lembut dan ucapkan:
Tubuh ini tidak hancur—ia sedang membangun kembali. Kekuatanku ada di dalam Tuhan. Penyembuhan sedang terjadi sekarang.

Hari ke-39 – Penyembuhan dari Skizofrenia & Gangguan Mental Terkait Otak

Pikiran adalah medan perang, tetapi Kristus adalah kedamaian kita. Tidak ada diagnosis yang berada di luar jangkauan-Nya.

Fokus Kitab Suci

"Allah memberikan kepada kita bukan roh ketakutan, melainkan roh yang membangkitkan kekuatan, kasih, dan ketertiban." — 2 Timotius 1:7 (TB)
"Engkau akan memelihara dalam damai sejahtera yang sempurna semua orang yang percaya kepada-Mu, semua yang pikirannya tertuju kepada-Mu." — Yesaya 26:3 (TB)
"Roh Tuhan ada padaku... untuk memberitakan pembebasan kepada orang-orang tawanan, dan penglihatan bagi orang-orang buta." — Lukas 4:18 (TB)
"Dan daun pohon-pohon itu dipakai untuk menyembuhkan bangsa-bangsa." — Wahyu 22:2 (TB)

Tantangan Kesehatan Global

Skizofrenia , **gangguan bipolar** , **psikosis** , dan **gangguan neurokognitif** memengaruhi lebih dari **24 juta orang di seluruh dunia** . Kondisi-kondisi ini seringkali terstigma, salah didiagnosis, atau disembunyikan, meliputi:

- **Delusi dan halusinasi**
- **Kehilangan ingatan atau pikiran yang tidak teratur**
- **Penarikan emosi atau perilaku manik**
- **Paranoia, kecemasan parah, dan depresi**

Terkadang penyebabnya adalah **faktor genetik** , **trauma** , atau **spiritual** . Banyak keluarga menderita dalam diam, tidak yakin apakah penyebabnya **medis, iblis, atau emosional** . Seringkali, penyebabnya merupakan **campuran yang kompleks** .

Namun Yesus tetap menyelamatkan. Dan Firman Tuhan tetap menyembuhkan.

Kamu tidak gila.

Otakmu tidak rusak parah.

Identitasmu bukanlah diagnosismu.

Obat Penyembuhan dari Penciptaan

Brahmi (Bacopa monnieri) – Meningkatkan fungsi otak, mengurangi psikosis

Ashwagandha (***Withania somnifera*** **)** – Menurunkan kecemasan, menyeimbangkan suasana hati

Kunyit (***Curcuma longa*** **)** – Mengurangi peradangan otak

Ginkgo Biloba – Meningkatkan memori, sirkulasi ke otak

Omega-3 (dari biji rami, chia, atau minyak ikan) – Penting untuk perbaikan neurotransmitter

Gotu Kola (***Centella asiatica*** **)** – Menenangkan saraf, meningkatkan jalur detoksifikasi otak

Kemangi Suci (Tulsi) – Ramuan adaptogenik untuk kejernihan mental dan spiritual

Obat 1: Teh Penyembuhan Penenang Otak

- **Apa yang Anda Butuhkan:**
  - ½ sdt Brahmi
  - ½ sdt Ashwagandha
  - ½ sdt Pegagan
  - 1½ gelas air
- **Cara Penggunaan:**

    - Rebus herba dengan api kecil, seduh selama 10 menit, minum sebelum tidur atau pagi hari
- **Efek:** Mendukung fokus, mengurangi halusinasi, menyeimbangkan suasana hati

Obat 2: Smoothie Omega-3 + Kunyit

- **Apa yang Anda Butuhkan:**
    - 1 sdm biji rami atau chia bubuk
    - 1 sdt kunyit
    - 1 buah pisang
    - 1 cangkir susu nabati
- **Cara Penggunaan:**
    - Campur dan konsumsi setiap hari di pagi hari
- **Efek:** Mengurangi kabut otak, mendukung stabilitas emosional

Obat 3: Menghirup Doa Kemangi Suci

- **Apa yang Anda Butuhkan:**
    - Daun Tulsi segar atau minyak esensial
- **Cara Penggunaan:**
    - Hancurkan daun atau hiruplah dengan lembut sebelum atau selama berdoa
- **Efek:** Memusatkan fokus, mengurangi pikiran mengganggu, mengundang kedamaian spiritual

Wawasan Penyembuhan: Tuhan Membangun Kembali Pikiran

Ketika Yesus menyembuhkan orang yang kerasukan setan di Markus 5, tertulis:

"Dia berpakaian dan waras."

Yesus yang sama masih berjalan ke dalam pikiran-pikiran yang hancur saat ini.
Baik itu **psikosis, skizofrenia, disosiasi, atau siksaan spiritual** , penyembuhan Tuhan menyentuh:

- **Kimia otak**
- **Memori trauma**
- **Penindasan spiritual**
- **Pola kegilaan atau ketidakstabilan mental dalam keluarga**

Tak ada pikiran yang terlalu tersesat. Tak ada otak yang terlalu rusak.
Anda dapat hidup dalam kejelasan lagi.

Kisah Penyembuhan – Nigeria & Amerika Serikat
Pembebasan Chika – Enugu, Nigeria.
Didiagnosis menderita skizofrenia dini, Chika mendengar suara-suara selama bertahun-tahun. Ibunya mulai berpuasa, mengoleskan minyak Kemangi Suci saat berdoa. Dengan teh herbal dan doa harian 2 Timotius 1:7, delusinya mulai memudar. Menjelang akhir tahun, ia bebas dari pengobatan dan kembali kuliah.
"Mereka bilang aku gila. Tapi aku bertemu Sang Penyembuh Pikiran."

Pemulihan Michael – Detroit, AS
Setelah mengalami gangguan psikotik akibat penggunaan narkoba, Michael didiagnosis bipolar-skizoafektif. Ia bergabung dengan kelompok penyembuhan, mengonsumsi smoothie ashwagandha + kunyit, dan meninggalkan okultisme. Selama lebih dari 6 bulan, ia menemukan kedamaian dan tujuan hidup melalui Mazmur 34.
"Sekarang aku tahu siapa diriku. Kabut telah hilang. Aku bukan kondisiku—aku putra Tuhan."

Doa untuk Kesembuhan

Yesus, Raja Damai,

Engkau memegang pikiranku dalam tangan-Mu. Redamkan setiap suara yang menyiksa. Pulihkan setiap jalur yang rusak di otakku. Singkirkan trauma, zat kimia, dan kegilaan turun-temurun. Biarkan kuasa darah-Mu menyembuhkan setiap gangguan. Aku menerima pikiran yang sehat — dalam nama Yesus. Amin.

Deklarasi Penyembuhan Harian

Aku punya pikiran Kristus.

Aku tidak gila—aku sudah sembuh. Suara-suara itu dibungkam. Pikiranku jernih.

Otakku utuh.

Kedamaianku abadi—dalam nama Yesus!

Titik Aksi

- Mulailah minum teh penenang otak di malam hari atau selama episode
- Gunakan Kemangi Suci saat berdoa atau bermeditasi
- Mintalah seseorang untuk menyatakan 2 Timotius 1:7 atasmu setiap hari selama 7 hari

Jurnal Prompt

- Kebohongan apa yang musuh coba sampaikan kepadaku tentang pikiranku?
- Seperti apakah rupa dan rasa "pikiran yang sehat" bagi saya?

Pertanyaan Diskusi Kelompok Penyembuhan

1. Mengapa penyakit mental sering disalahpahami di lingkungan Kristen?
2. Bagaimana kita dapat menggabungkan otoritas spiritual dan penyembuhan alami untuk gangguan otak?
3. Bagaimana kita mencintai dan mendukung anggota keluarga dengan tantangan mental yang serius?

Momen Refleksi

Letakkan tangan Anda dengan lembut di pelipis Anda dan ucapkan:

Pikiran ini telah disembuhkan.
Otak ini diberkati. Aku memiliki pikiran Kristus.
Semua siksaan kini berakhir.

Hari ke-40 – PEMBARUAN TOTAL: Penyembuhan Seluruh Tubuh, Jiwa & Roh

Apa yang Tuhan mulai di satu tempat, Dia selesaikan sepenuhnya. Inilah hari pemulihan tubuhmu yang utuh dan hidupmu yang utuh.

Fokus Kitab Suci

Semoga roh, jiwa, dan tubuhmu terpelihara sempurna dengan tak bercacat pada kedatangan Yesus Kristus, Tuhan kita. — 1 Tesalonika 5:23 (NIV)
"Saudaraku yang terkasih, aku berdoa, semoga engkau baik-baik dan sehat-sehat saja, sama seperti jiwamu baik-baik saja." — 3 Yohanes 2 (KJV)
"Aku akan memulihkan kesehatanmu dan menyembuhkan luka-lukamu, firman Tuhan." — Yeremia 30:17 (NLT)
"Daun pohon-pohon itu untuk penyembuhan bangsa-bangsa." — Wahyu 22:2 (NLT)

Mengapa Hal Ini Penting Secara Global

Pada Hari ke-40, kami telah menelusuri **80 tantangan kesehatan paling umum di dunia** , yang meliputi:

- **Gangguan kardiovaskular, pernapasan, pencernaan, reproduksi, dan neurologis**
- **Ketidakseimbangan autoimun dan hormonal**
- **Penyakit yang disebabkan oleh mental, emosional, dan gaya hidup**
- **Dan penderitaan rohani tersembunyi di balik gejala fisik**

Di seluruh benua, miliaran orang menderita — dan banyak **yang berdoa namun kambuh** , karena:

- Doa tidak dibarengi dengan kebijaksanaan
- Penyembuhan tidak diikuti oleh kebiasaan
- Pembebasan tidak didukung dengan disiplin

Hari ini menyerukan **integrasi, komitmen, dan perubahan gaya hidup yang profetik** .

7 Ramuan Herbal Penyembuhan Terakhir untuk Perawatan Harian

Gunakan salah satu dari ini sebagai **penambah kesehatan harian atau mingguan** , tergantung kebutuhan Anda.

1. Pembersih Hati & Darah

- **Bahan-bahan:**
    - 1 sdt akar dandelion (Taraxacum officinale)
    - 1 sdt kunyit (Curcuma longa)
    - ½ air jeruk lemon
- **Cara pakai:** Seduh dan minum 3x seminggu

2. Tonik Penyeimbang Otak + Suasana Hati

- **Bahan-bahan:**
    - ½ sdt Brahmi (Bacopa monnieri)
    - ½ sdt Ashwagandha
    - 1 cangkir air hangat
- **Kegunaan:** Dikonsumsi pada malam hari atau saat stres emosional

3. Smoothie Penyegar Usus

- **Bahan-bahan:**
    - 1 pisang, 1 sdm biji rami, ½ sdt jahe, 1 sdt kelor
- **Kegunaan:** Campurkan setiap hari untuk penyembuhan usus dan energi

4. Teh Hormone Harmony (untuk pria/wanita)

- **Bahan-bahan:**
    - ½ sdt biji adas, ½ sdt daun mint, ½ sdt daun kemangi suci

- **Kegunaan:** Minum 2–3x seminggu untuk keseimbangan siklus atau libido

5. Penguat Kekebalan & Pernapasan

- **Bahan-bahan:**
  - 1 sdt thyme kering, ½ sdt madu, 1 sdt lemon, 1 cangkir air panas
- **Kegunaan:** Dikonsumsi setiap hari selama musim flu

6. Rendaman Pereda Nyeri dan Sendi

- **Bahan-bahan:**
  - Garam epsom + daun nimba + minyak kayu putih dalam bak mandi air hangat
- **Cara pakai:** Rendam 2–3x seminggu

7. Campuran Minyak Urapan untuk Mendeklarasikan Kesembuhan

- **Bahan-bahan:**
  - Minyak zaitun + kemenyan + mur + rosemary
- **Cara Pakai :** Oleskan pada dada, kepala, atau bagian yang sakit sambil berdoa dan berdzikir.

***Kisah Penyembuhan – Perjalanan Pemulihan Penuh* Kemenangan Tania – São Paulo, Brasil**

Setelah berjuang melawan ketidakseimbangan tiroid, PCOS, depresi, dan kelelahan kronis, Tania memulai tantangan penyembuhan 40 hari bersama kelompok gerejanya menggunakan renungan ini. Ia mengonsumsi teh, smoothie, deklarasi, dan doa setiap hari. Pada hari ke-40, siklus menstruasinya kembali normal, hasil laboratoriumnya membaik, dan ia bersaksi:

"Tuhan menggunakan tanaman, doa, dan manusia. Saya tidak hanya merasa sembuh — saya merasa utuh."

Pembebasan Daniel – Kaduna, Nigeria.
Didiagnosis menderita tekanan darah tinggi, diabetes, dan serangan spiritual di malam hari, Daniel memulai pemulihan spiritual sepenuhnya: doa malam, puasa dengan teh herbal, deklarasi pagi, dan dukungan komunitas. Pada hari ke-40, ia berkata:
"Ini bukan buku. Ini rumah sakit rohani. Saya tidak hanya mengelola penyakit — saya sekarang berjalan dalam kesehatan perjanjian."

Doa Terakhir untuk Kesempurnaan
Bapa Kesempurnaan,
terima kasih telah mendampingiku selama 40 hari ini. Bersihkan aku dari setiap akar penyakit. Pulihkan aku dari ujung kepala hingga ujung kaki. Putuskan setiap ikatan jiwa dengan penyakit, siklus, dan ketakutan. Biarkan tubuhku menjadi rumah bagi kemuliaan-Mu. Biarkan jiwaku berjalan dalam damai-Mu. Biarkan semangatku bangkit dengan kekuatan. Sembuhkan aku — dalam nama Yesus. Amin.

Deklarasi Gaya Hidup Penyembuhan 40 Hari
Dalam nama Yesus:

- Saya berjalan dalam kesehatan ilahi — roh, jiwa, dan tubuh.
- Darahku murni. Organ-organku kuat. Pikiranku jernih.
- Saya bukan korban penyakit.
- Saya berjalan dalam kesehatan perjanjian dan petunjuk ilahi.
- Saya hidup dengan kebijaksanaan Tuhan dan penyembuhan ciptaan.

- Saya makan untuk menyembuhkan. Saya berbicara untuk memulihkan. Saya berdoa untuk memberdayakan.
- Penyakit mati dalam tubuhku. Kehidupan mengalir dalam tulang-tulangku.
- Aku sehat. Aku sembuh. Aku sembuh. Amin.

Poin Aksi untuk Hari ke-40 dan Selanjutnya

- Pilih **1 kebiasaan herbal** , **1 kitab suci** , dan **1 deklarasi** untuk menjaga kehidupan sehari-hari
- Mulailah **grup penyembuhan** atau **lingkaran WhatsApp** untuk menyemangati orang lain
- Bagikan kisah Anda — penyembuhan Anda dapat memicu perjalanan orang lain

Jurnal Prompt

- Kondisi atau siklus apa yang berubah secara permanen bagi saya dalam 40 hari ini?
- Bagaimana saya akan mempertahankan gaya hidup baru ini dalam beberapa minggu ke depan?

Pertanyaan Diskusi Kelompok Penyembuhan (Hari Terakhir)

1. Apa yang diungkapkan perjalanan penyembuhan 40 hari ini kepada Anda?
2. Obat herbal atau kitab suci mana yang paling memberi dampak pada Anda?
3. Bagaimana kita dapat membantu orang lain berjalan dalam "tanaman untuk penyembuhan bangsa-bangsa"?

Momen Refleksi Akhir

Letakkan tanganmu di atas dadamu dan ucapkan:
Tubuh ini adalah bait suci. Hidup ini telah ditebus. Aku berjalan dalam kesehatan yang sempurna. Aku utuh, dalam nama Yesus.

Hari ke-40 – Selesai
Kode Kesehatan Ilahi sekarang diaktifkan dalam diri Anda.

DEKLARASI KESEHATAN ILAHI HARIAN

(Untuk diberitakan dengan berani setiap hari dengan iman dan otoritas)

"Hidup dan mati dikuasai lidah..." — Amsal 18:21
"Ia mengirimkan firman-Nya, dan menyembuhkan mereka..." — Mazmur 107:20 "Mereka akan meletakkan tangannya atas orang sakit, dan orang itu akan sembuh." — Markus 16:18

Hari ini saya nyatakan bahwa saya adalah orang-orang tebusan Tuhan, dan saya katakan demikian. Oleh darah Yesus Kristus, saya telah dibeli, dimurnikan, dan dipelihara untuk kesehatan ilahi.
Pikiranku utuh. Aku memiliki pikiran Kristus. Setiap kebingungan, depresi, skizofrenia, kecemasan, PTSD, dan kabut mental disembuhkan.
(Yesaya 26:3, 2 Timotius 1:7)
Mataku telah sembuh. Kebutaan, glaukoma, katarak, atau kehilangan penglihatan tak akan menguasaiku.
(Keluaran 15:26, Matius 20:34)
Telingaku mendengar dengan jelas. Aku menolak tuli, infeksi, tinitus, dan kerusakan telinga.
(Markus 7:35)
Jantungku kuat. Tak akan ada hipertensi, gagal jantung, stroke, atau ketidakseimbangan kolesterol.
(Amsal 4:23, Mazmur 73:26)
Paru-paruku bernapas lega. Asma, PPOK, dan penyakit pernapasan tunduk kepada nama Yesus.
(Kejadian 2:7, Ayub 33:4)

Darah saya bersih. Diabetes, sel sabit, leukemia, anemia, dan semua kelainan darah disembuhkan.
(Imamat 17:11, Markus 5:29)

Tulang saya kuat. Artritis, osteoporosis, skoliosis, dan nyeri sendi tercabut.
(Yehezkiel 37:5, Mazmur 34:20)

Otak saya waspada. Alzheimer, Parkinson, epilepsi, dan migrain kini hilang.
(Lukas 4:18, Roma 12:2)

Sistem pencernaan saya berfungsi sempurna. Tidak ada tukak lambung, kembung, sembelit, IBS, atau parasit yang bisa bertahan.
(Keluaran 23:25, Mazmur 103:5)

Sistem kekebalan tubuh saya diperkuat. Tidak akan ada infeksi, flu, COVID, atau wabah virus yang menyerang.
(Mazmur 91:10, Yesaya 54:17)

Ginjal, hati, dan pankreas saya telah dimurnikan. Tidak ada batu ginjal, hepatitis, nefritis, atau sirosis yang dapat berkembang biak.
(Yeremia 30:17, Yehezkiel 47:12)

Hormon saya seimbang. PCOS, infertilitas, masalah tiroid, dan ketidakseimbangan hormon kini telah teratasi.
(Kejadian 1:28, Mazmur 113:9)

Sistem reproduksi saya sudah berfungsi dan pulih. Fibroid, jumlah sperma rendah, disfungsi ereksi, atau IMS tidak akan tersisa.
(Ulangan 7:14, Maleakhi 4:2)

Kulit saya bersih. Eksim, psoriasis, jerawat, infeksi, atau gangguan autoimun tidak akan bertahan lama.
(2 Raja-raja 5:14, Matius 8:3)

Tidurku nyenyak. Insomnia, mimpi buruk, kegelisahan, dan kelelahan pun sirna.
(Amsal 3:24, Mazmur 4:8)

Pendengaran dan keseimbangan saya pulih. Vertigo, gangguan telinga bagian dalam, dan mual pun teratasi.
(Markus 7:37, Mazmur 94:9)

Tak akan ada trauma yang tersisa dalam diriku.
Setiap luka jiwa, luka emosional, dan gangguan mental telah disembuhkan.
(Lukas 4:18, Yesaya 61:1–3)

Setiap penderitaan iblis atau penyakit keturunan telah dipatahkan.
Setiap kutukan keturunan—baik itu kanker, kegilaan, kejang, atau penyakit autoimun—berakhir bersamaku.
(Galatia 3:13, Kolose 2:14–15)

Aku berjalan dalam keselarasan ilahi — roh, jiwa, dan raga.
Aku menerima kesembuhan dari dedaunan untuk bangsa-bangsa. Aku makan untuk menyembuhkan. Aku bergerak untuk hidup. Aku berdoa untuk memulihkan. Aku menyatakan untuk mewujudkan.
(Wahyu 22:2, 3 Yohanes 2, 1 Tesalonika 5:23)

Darah Yesus mengalir melalui setiap sistem kehidupanku.
Tidak ada diagnosis yang final. Tidak ada penyakit yang lebih besar daripada nama-Nya. Aku percaya. Aku menerima. Aku disembuhkan. Aku utuh. Aku BEBAS.

Dalam nama Yesus — Amin.

Kesimpulan – Masuki Kesehatan Ilahi Seumur Hidup

"Ini bukan akhir. Ini awal yang baru — sebuah awal baru menuju kehidupan yang utuh."

Selama 40 hari, Anda telah menjalani perjalanan suci — **resep ilahi** untuk penyembuhan yang menyentuh **tubuh, memperbarui pikiran, menyegarkan jiwa, dan membangkitkan semangat** .
Anda telah menjelajahi:

- Lebih dari **80 tantangan kesehatan global**
- **Kunci penyembuhan berdasarkan Alkitab**
- **Obat herbal alami ciptaan Tuhan**
- **Kisah nyata transformasi dari seluruh dunia**
- **Doa, deklarasi, dan refleksi kelompok**
- Panggilan **profetik untuk perubahan gaya hidup, bukan hanya menghilangkan gejala**

Ini bukan sekadar informasi.
Ini adalah **interupsi ilahi** — *kunjungan suci dari Sang Penyembuh sendiri* .
Anda tidak pernah ditakdirkan untuk hidup terkungkung oleh diagnosis.
Anda diciptakan untuk kesehatan. Untuk kesuburan. Untuk kebebasan. Bukan hanya untuk bertahan hidup — tetapi untuk **berkembang dalam keselarasan ilahi** .

Perjalanan Maju
Penyembuhan bukan sekadar peristiwa. Ini adalah **perjalanan harian bersama Tuhan** .

- Dalam apa yang kamu **makan**
- Bagaimana **menurutmu?**

- Cara Anda **beristirahat**
- Apa yang kamu **nyatakan**
- Bagaimana Anda **berdoa dan bertindak**

Ya, doa memang manjur.
Namun, doa + hikmat + ketaatan = **pembebasan abadi** .
Banyak orang mengalami penyembuhan tetapi kambuh...
Karena mereka kembali ke makanan yang sama, stres yang sama, kebiasaan yang sama yang menciptakan krisis. Tetapi Anda **tidak akan kembali** .
Anda sekarang membawa **kode kesehatan ilahi** dalam hidup Anda.
"Pergilah dan jangan berbuat dosa lagi" adalah perintah Yesus — bukan hanya tentang moralitas, tetapi juga tentang **gaya hidup** .
Anda telah diberi **alat, kebenaran, dan kuasa** .
Gunakanlah itu.

Tumbuhan Masih Berbicara
Dari Taman Eden hingga Wahyu, Tuhan telah menggunakan tumbuhan sebagai alat penyembuhan. Bahkan dalam pengobatan modern, setiap obat mujarab dapat ditelusuri kembali ke sesuatu yang diciptakan oleh Tuhan. Dia tidak pernah membuang daun-daun yang menyembuhkan — **Dia melestarikannya untuk generasi kita.**
Biarkan dedaunan **terus berbicara tentang penyembuhan** di dapur Anda, dalam doa-doa Anda, dan dalam tujuan Anda.

Sebuah Tuduhan Kenabian
Sekarang pergilah dan:

- Ajarkan kepada orang lain apa yang telah Anda pelajari

- Pimpin kelompok penyembuhan di keluarga, gereja, atau komunitas Anda
- Bersaksilah dengan berani tentang kemajuan Anda
- Praktikkan apa yang telah Anda terima
- Nyatakan dengan berani atas tubuhmu dan orang lain

Kode **Kesehatan Ilahi** kini tertulis di dalam dirimu.
Bukan oleh loh batu—melainkan oleh Roh Tuhan.
Engkau adalah pembawa keutuhan-Nya di dunia yang rusak ini.
Engkau telah disembuhkan—untuk membawa kesembuhan.

Doa Penutup Pengukuhan
Bapa yang penuh belas kasih dan keajaiban,
terima kasih telah berjalan bersamaku selama 40 hari ini. Terima kasih untuk setiap sentuhan kesembuhan, wawasan, keyakinan, dan harapan. Sekarang, aku berkomitmen untuk menjalani hidup baru yang sehat ini — untuk memelihara apa yang telah Engkau pulihkan. Biarlah tubuhku memuliakan-Mu. Biarlah gaya hidupku selaras dengan-Mu. Biarlah perjalananku menginspirasi orang lain. Aku menerima amanat-Mu untuk menjadi duta kesehatan ilahi. Dalam nama Yesus yang mahakuasa, Amin.

Kata-kata Terakhir
Keutuhan adalah bagianmu.
Kesembuhan adalah warisanmu.
Gaya hidup adalah kesaksianmu.
Dan Yesus adalah Penyembuhmu — sekarang dan selamanya.
Sekarang pergilah… dan jalani hidup yang telah disembuhkan.

Cara Dilahirkan Kembali dan Memulai Hidup Baru bersama Kristus

Mungkin Anda pernah berjalan bersama Yesus sebelumnya, atau mungkin Anda baru saja bertemu-Nya selama 40 hari ini. Namun saat ini, ada sesuatu di dalam diri Anda yang sedang bergejolak.

Kamu siap untuk lebih dari sekadar agama.
Kamu siap untuk **hubungan** .
Kamu siap untuk berkata, "Yesus, aku membutuhkan-Mu."

Inilah kebenarannya:

"Karena semua orang telah berbuat dosa; kita semua telah kehilangan standar kemuliaan Allah… namun Allah, dalam kasih karunia-Nya, dengan cuma-cuma membenarkan kita di hadapan-Nya."
— Roma 3:23–24 (NLT)

Keselamatan tak bisa diraih dengan usaha.
Perbaikan diri tak bisa diraih dengan usaha. Namun, Yesus sudah membayar lunas — dan Dia menunggu untuk menyambutmu pulang.

Cara Dilahirkan Kembali

Dilahirkan kembali berarti menyerahkan hidup Anda kepada Yesus — menerima pengampunan-Nya, percaya bahwa Dia mati dan bangkit kembali, dan menerima Dia sebagai Tuhan dan Juru Selamat Anda.

Sederhana. Kuat. Mengubah segalanya.

Doakan Ini dengan Keras:

Tuhan Yesus, aku percaya Engkau adalah Putra Allah.
Aku percaya Engkau mati untuk dosa-dosaku dan bangkit kembali.
Aku mengaku bahwa aku telah berdosa dan aku membutuhkan pengampunan-Mu.
Hari ini, aku bertobat dan berbalik dari jalan hidupku yang lama.
Aku mengundang-Mu ke dalam hidupku untuk menjadi Tuhan dan Juruselamatku.
Bersihkanlah aku. Penuhi aku dengan Roh-Mu.
Aku menyatakan bahwa aku telah dilahirkan kembali, diampuni, dan dibebaskan.
Mulai hari ini dan seterusnya, aku akan mengikuti-Mu —
dan aku akan hidup mengikuti jejak-Mu.
Terima kasih telah menyelamatkanku. Dalam nama Yesus, amin.

Langkah Berikutnya Setelah Keselamatan

1. **Beritahu Seseorang** – Bagikan keputusan Anda dengan orang yang Anda percaya.

2. **Temukan Gereja Berbasis Alkitab** – Bergabunglah dengan komunitas yang mengajarkan Firman Tuhan dan mengamalkannya. Kunjungi God's Eagle Ministries secara online melalui https://www.otakada.org atau https://chat.whatsapp.com/H67spSun32DDTma8TLh0ov
3. **Dibaptis** – Ambil langkah berikutnya di depan umum untuk menyatakan iman Anda.
4. **Bacalah Alkitab Setiap Hari** – Mulailah dengan Injil Yohanes.
5. **Berdoa Setiap Hari** – Berbicara kepada Tuhan sebagai sahabat dan Bapa.
6. **Tetap Terhubung** – Kelilingi diri Anda dengan orang-orang yang mendukung langkah baru Anda.
7. **Mulailah Proses Pemuridan dalam Komunitas** – Kembangkan hubungan satu lawan satu dengan Yesus Kristus melalui tautan ini

   Pemuridan 40 hari 1 - https://www.otakada.org/dapatkan-kursus-pemuridan-online-40-hari-gratis-dalam-perjalanan-bersama-jesus/

   40 Pemuridan 2 - https://www.otakada.org/dapatkan-gratis-40-hari-dna-perjalanan-murid-bersama-jesus-seri-2/

Momen Keselamatan Saya

Tanggal : ______________________

Tanda tangan : ___________________

"Jadi siapa yang ada di dalam Kristus, ia adalah ciptaan baru: yang lama sudah berlalu, sesungguhnya yang baru sudah datang!"
— 2 Korintus 5:17

Sertifikat Hidup Baru di dalam Kristus

Deklarasi Keselamatan – Lahir Kembali oleh Kasih Karunia

Ini menyatakan bahwa

____

(Nama Lengkap)

telah menyatakan **iman kepada Yesus Kristus** sebagai Tuhan dan Juru Selamat dan telah menerima anugerah keselamatan cuma-cuma melalui kematian dan kebangkitan-Nya.

"Jika kamu mengaku dengan terus terang, bahwa Yesus adalah Tuhan, dan percaya dalam hatimu, bahwa Allah telah membangkitkan Dia dari antara orang mati, maka kamu akan diselamatkan."
— Roma 10:9 (TB)

Pada hari ini, surga bersukacita dan perjalanan baru dimulai.

Tanggal Keputusan : __________________________

Tanda tangan : _________________________________

Deklarasi Keselamatan

Hari ini, aku menyerahkan hidupku kepada Yesus Kristus. Aku percaya Dia mati untuk dosa-dosaku dan bangkit kembali. Aku menerima Dia sebagai Tuhan dan Juruselamatku.
Aku diampuni, dilahirkan kembali, dan diperbarui.
Mulai saat ini dan seterusnya, aku akan mengikuti jejak langkah-Nya.

Selamat datang di Keluarga Tuhan!

Namamu tertulis di Kitab Kehidupan Anak Domba.
Kisahmu baru saja dimulai — dan abadi.

Terhubung, Memberi, dan Tumbuh Bersama Kami

Lanjutkan perjalanan Covenant Anda lebih jauh—satu pemindaian dalam satu waktu.

1. Terhubung dengan Tim Doa & Dukungan Global Kami

Kirimkan permohonan doa, kebutuhan syafaat, kesaksian, atau hubungi kami untuk bimbingan rohani.

Pindai Kode QR

https://www.otakada.org/hubungi-kami-otakada/

Connect with Us

2. Berikanlah pada Tujuan Perjanjian Tuhan

Mendukung proyek kerajaan, misi, dan sumber daya global gratis melalui pemberian yang dipimpin oleh perjanjian.

Pindai Kode QR untuk Memberi
https://tithe.ly/give?c=308311

Give in the Spirit of Luke 6:38

3. Bergabunglah dengan Komunitas Perjanjian WhatsApp Kami

Dapatkan pembaruan, konten renungan, dan terhubung dengan orang-orang percaya yang berpikiran perjanjian di seluruh dunia.

Pindai untuk Bergabung
https://chat.whatsapp.com/H67spSun32DDTma8TLh0ov

Join Whatsapp Comm.

Sumber Daya Lainnya

Kunjungi pusat daring kami untuk mendapatkan buku elektronik, ajaran, bimbingan, dan informasi terkini dari berbagai negara:

www.otakada.org

Get More Resources 2m +

Bersama-sama, Kita Menabur Benih Bangsa dan Mengubah Kehidupan.

Pelayanan Elang Tuhan GEM | Duta Besar Senin O. Ogbe

Buku lain yang diterbitkan oleh penulis – Lebih dari 500 judul

Dicintai, Dipilih dan **Utuh** : Perjalanan 30 Hari dari Penolakan hingga **Pemulihan** diterjemahkan ke dalam 40 bahasa di dunia

https://www.amazon.com/Loved-Chosen-Whole-Rejection-Restoration-ebook/dp/B0F9VSD8WL

Amazon - Love Chosen and Whole

Mengikuti Jejaknya — Tantangan WWJD 40 Hari:
Hidup Seperti Yesus dalam Kisah Nyata di Seluruh Dunia

https://www.amazon.com/His-Steps-Challenge-Real-Life-Stories-ebook/dp/B0FCYTL5MG

Amazon - In His Steps

YESUS DI PINTU:
40 Kisah Memilukan dan Peringatan Terakhir Surga untuk Gereja-gereja MASA KINI
https://www.amazon.com/dp/B0FDX31L9F

Amazon - Jesus at the door

KEHIDUPAN PERJANJIAN:

40 Hari Berjalan dalam Berkat Ulangan 28
- https://www.amazon.com/dp/B0FFJCLDB5

Kisah dari Orang Nyata, Kepatuhan Nyata, dan Kisah Nyata

Transformasi dalam lebih dari 20 bahasa

Get Covenant Life

MENGENAL DIA & MENGENAL DIA:

40 Hari Menuju Penyembuhan, Pemahaman, dan Cinta Abadi

buku elektronik -
https://www.amazon.com/dp/B0FGC4V3D9

Buku bersampul tipis -
https://www.amazon.com/dp/B0FGJX9GPC

Knowing Her and Knowing Him

LENGKAP, BUKAN BERSAING:
Perjalanan 40 Hari Menuju Tujuan, Persatuan, dan Kolaborasi

Buku elektronik -
https://www.amazon.com/dp/B0FGGL1XSQ

Buku bersampul tipis -
https://www.amazon.com/dp/B0FGJPJ6Y5

Complete not Compete

Doa: Kekuatan Terkuat di Dunia: Menghimpun 10 Juta Pendoa Syafaat untuk BANGSA-BANGSA

buku elektronik -
https://www.amazon.com/dp/B0DYJYVKHT

buku bersampul tipis -
https://www.amazon.com/dp/B0DYJVYJ7K

Buku-buku lainnya dapat ditemukan di halaman penulis https://www.amazon.com/stores/Ambassador-Monday-O.-Ogbe/author/B07MSBPFNX

Amazon - Ambassador Author Page

KODE KESEHATAN ILAHI – LAMPIRAN

INDEKS KITAB SUCI (Disusun berdasarkan Tema)

Penyembuhan & Kesempurnaan

- Keluaran 15:26 – "Akulah Tuhan yang menyembuhkan engkau."
- Mazmur 103:2-3 – "Dia mengampuni segala dosamu dan menyembuhkan segala penyakitmu."
- Yeremia 30:17 – "Aku akan memulihkan kesehatanmu dan menyembuhkan luka-lukamu."
- Yesaya 53:5 – "Oleh bilur-bilurnya kita menjadi sembuh."
- 1 Petrus 2:24 – "Oleh bilur-bilur-Nya kamu telah disembuhkan."
- Markus 16:18 – "Mereka akan meletakkan tangannya atas orang sakit, dan orang itu akan sembuh."

Doa dan Iman

- Yakobus 5:14-15 – "Urapilah dengan minyak dan berdoalah untuk orang sakit."
- Matius 21:22 – "Jika kamu percaya, kamu akan menerimanya."
- Ibrani 11:1 – "Iman adalah dasar dari segala sesuatu yang kita harapkan."

Penyembuhan dari Penciptaan

- Kejadian 1:29 – "Aku memberikan kepadamu segala tumbuh-tumbuhan... menjadi makanan."
- Wahyu 22:2 – "Daun pohon itu untuk penyembuhan bangsa-bangsa."
- Yehezkiel 47:12 – "Buahnya akan menjadi makanan, dan daunnya menjadi obat."

Gaya Hidup & Kesehatan

- 3 Yohanes 2 – "Semoga kamu baik-baik saja dan sehat walafiat dalam segala hal."
- Amsal 3:7-8 – "Takutlah akan Tuhan... itu akan mendatangkan kesehatan bagi tubuhmu."
- 1 Tesalonika 5:23 – "Semoga roh, jiwa, dan tubuhmu terpelihara sempurna."
- Amsal 4:20-22 – "Itulah yang menjadi kehidupan bagi mereka yang mendapatkannya dan kesembuhan bagi seluruh tubuh."

Pembebasan dan Pemulihan

- Lukas 4:18 – "Ia telah mengutus Aku untuk menyembuhkan orang yang patah hati."
- Yesaya 61:1-3 – "Untuk mengganti abu dengan perhiasan kepala, dan kain kabung dengan minyak untuk pesta."

INDEKS OBAT HERBAL

Anti-inflamasi & Pereda Nyeri

- Kunyit (Curcuma longa)
- Jahe (Zingiber officinale)
- Kulit Pohon Willow (Salix alba)
- Kelor (Moringa oleifera)

Penguat Kekebalan Tubuh

- Echinacea
- Nimba (Azadirachta indica)
- Basil Suci (Ocimum sanctum/Tulsi)
- Bawang putih (Allium sativum)

Dukungan Mental & Neurologis

- Ashwagandha (Withania somnifera)
- Brahmi (Bacopa monnieri)
- Pegagan (Centella asiatica)
- Ginkgo Biloba

Kesehatan Pencernaan

- Peppermint (Mentha piperita)
- Biji Adas (Foeniculum vulgare)

- Akar manis (Glycyrrhiza glabra)
- Lidah buaya

Hormonal & Reproduksi

- Akar Maca (Lepidium meyenii)
- Daun Raspberry Merah
- Buah Pohon Suci (Vitex agnus-castus)
- Fenugreek (Trigonella foenum-graecum)

Pembersih Organ (Hati, Ginjal, Darah)

- Akar Dandelion (Taraxacum officinale)
- Susu Thistle (Silybum marianum)
- Akar Burdock (Arctium lappa)
- Peterseli (Petroselinum crispum)

Bantuan Pernapasan

- Timus (Thymus vulgaris)
- Kayu putih
- Akar manis
- Bunga Mullein (Verbascum thapsus)

Kulit & Detoksifikasi

- Calendula (Calendula officinalis)
- Lidah buaya
- Nimba
- Jelatang (Urtica dioica)

Makanan Super Bernutrisi

- Spirulina
- Chlorella
- Benih lenan
- Jintan Hitam (Nigella sativa)

INDEKS KONDISI KESEHATAN
(Semua 80 Kondisi Tidak dalam Urutan Tertentu)

1. Tekanan Darah Tinggi (Hipertensi) + Asma
2. Diabetes (Tipe 2) + Gangguan Tidur
3. Artritis + Nyeri Sendi
4. Gangguan Pencernaan (IBS) + Ketidakseimbangan Hormon
5. Depresi + Kecemasan
6. Kondisi Mata (Rabun Jauh/Jarak Jauh)
7. Pemulihan Stroke + Kelumpuhan
8. Kelelahan Kronis + Migrain
9. Kanker
10. Masalah Kesuburan (PCOS, Disfungsi Ereksi)
11. Kondisi Pernapasan (Flu, Bronkitis) + Kelelahan
12. Kondisi Kulit + Gangguan Autoimun
13. Tukak Lambung + Asam Lambung
14. Gangguan Tiroid + Trauma Emosional
15. Infeksi Telinga + Gangguan Pendengaran
16. Perubahan Suasana Hati Hormonal + Ketidakteraturan Menstruasi
17. Penyakit Ginjal + Penyakit Hati
18. Malaria + Demam Tifoid
19. Batu Empedu + Pankreatitis
20. Anemia + Penyakit Sel Sabit
21. Rambut Rontok + Gangguan Kulit Kepala
22. Sembelit + Kembung
23. Muntah + Keracunan Makanan
24. Infeksi Kandung Kemih (ISK) + Sering Buang Air Kecil
25. Hidung Tersumbat + Sinusitis

www.ingramcontent.com/pod-product-compliance
Lightning Source LLC
LaVergne TN
LVHW050635051026
849532LV00002B/393

* 9 7 9 8 3 4 9 5 1 1 4 8 6 *